Mariama Bâ

UNE
SI LONGUE LETTRE

Les Nouvelles Editions Africaines

A Abibatou Niang, femme de vertu et
de rigueur qui partage mes émotions,

A Annette d'Erneville, femme de tête
et de cœur,

A toutes les femmes et aux hommes de
bonne volonté.

© Les Nouvelles Editions Africaines
DAKAR - ABIDJAN - LOME

1.

Aïssatou,

J'ai reçu ton mot. En guise de réponse, j'ouvre ce cahier, point d'appui dans mon désarroi : notre longue pratique m'a enseigné que la confidence noie la douleur.

Ton existence dans ma vie n'est point hasard. Nos grand'mères dont les concessions étaient séparées par une tapade, échangeaient journellement des messages. Nos mères se disputaient la garde de nos oncles et tantes. Nous, nous avons usé pagnes et sandales sur le même chemin caillouteux de l'école coranique. Nous avons enfoui, dans les mêmes trous, nos dents de lait, en implorant Fée-Souris de nous les restituer plus belles.

Si les rêves meurent en traversant les ans et les réalités, je garde intacts mes souvenirs, sel de ma mémoire.

Je t'invoque. Le passé renaît avec son cortège d'émotions. Je ferme les yeux. Flux et reflux de sensations : chaleur et éblouissement, les feux de bois ; délice dans notre bouche gourmande, la mangue verte pimentée, mordue à tour de rôle. Je ferme les yeux. Flux et reflux d'images ; visage ocre de ta mère constellé de gouttelettes de sueur, à la sortie des cuisines ; procession jacassante des fillettes trempées, revenant des fontaines.

Le même parcours nous a conduites de l'adolescence à la maturité où le passé féconde le présent.

Amie, amie, amie ! Je t'appelle trois fois (1). Hier, tu as divorcé. Aujourd'hui, je suis veuve.

Modou est mort. Comment te raconter ? On ne prend pas de rendez-vous avec le destin. Le destin empoigne qui il veut, quand il veut. Dans le sens de vos désirs, il vous apporte la plénitude. Mais le plus souvent, il déséquilibre et heurte. Alors, on subit. J'ai subi le coup de téléphone qui bouleverse ma vie.

Un taxi hélé ! Vite ! Plus vite ! Ma gorge sèche. Dans ma poitrine une boule immobile. Vite ! Plus vite ! Enfin l'hôpital ! L'odeur des suppurations et de l'éther mêlés. L'hôpital ! Des visages crispés, une escorte larmoyante de gens connus ou inconnus, témoins malgré eux de l'atroce tragédie. Un couloir qui s'étire, qui n'en finit pas de s'étirer. Au bout, une chambre. Dans la chambre, un lit. Sur ce lit : Modou étendu, déjà, isolé du monde des vivants par un drap blanc qui l'enveloppe entièrement. Une main s'avance, tremblante, et découvre le corps lentement. Dans le désordre d'une chemise bleue à fines rayures, la poitrine apparaît, velue, à jamais tranquille. Ce visage figé dans la douleur et la surprise est bien sien, bien siens ce front dégarni, cette bouche entr'ouverte. Je veux saisir sa main. Mais on m'éloigne. J'entends Mawdo, son ami médecin m'expliquer : Crise cardiaque foudroyante survenue à son bureau alors qu'il dictait une lettre. La secrétaire a eu la présence d'esprit de m'appeler. Mawdo redit son arrivée tardive avec l'ambulance. Je pense : « le médecin après la mort ». Il mime le massage du cœur effectué ainsi que l'inutile bouche

(1) Manière d'interpeller qui montre la gravité du sujet qu'on va aborder.

à bouche. Je pense encore : massage du cœur, bouche à bouche, armes dérisoires contre la volonté divine.

J'écoute des mots qui créent autour de moi une atmosphère nouvelle où j'évolue, étrangère et crucifiée. La mort, passage ténu entre deux mondes opposés, l'un tumultueux, l'autre immobile.

Où me coucher ? Le bel âge a ses exigences de dignité. Je m'accroche à mon chapelet. Je l'égrène avec ardeur en demeurant debout sur des jambes molles. Mes reins battent la cadence de l'enfantement.

Tranches de ma vie jaillies inopinément de ma pensée, versets grandioses du Coran, paroles nobles consolatrices se disputent mon attention.

Miracle joyeux de la naissance, miracle ténébreux de la mort. Entre les deux, une vie, un destin, dit Mawdo Bâ.

Je regarde fixement Mawdo. Il me paraît plus grand que de coutume dans sa blouse blanche. Je le trouve maigre. Ses yeux rougis témoignent de quarante années d'amitié. J'apprécie ses mains d'une beauté racée, d'une finesse absolue, mains souples habituées à dépister le mal. Ces mains là, mues par l'amitié et une science rigoureuse, n'ont pu sauver l'ami.

2.

Modou Fall est bien mort, Aïssatou. En attestent le défilé ininterrompu d'hommes et de femmes qui « ont appris », les cris et pleurs qui m'entourent. Cette situation d'extrême tension aiguise ma souffrance et persiste jusqu'au lendemain, jour de l'enterrement.

Quel fleuve grouillant d'êtres humains accourus de toutes les régions du pays où la radio a porté la nouvelle.

Des femmes s'affairent, proches parentes. Elles doivent emporter à l'hôpital pour la toilette mortuaire encens, eau de cologne, coton. Sont soigneusement mis dans un panier neuf, les sept mètres de percale blanche, seul vêtement autorisé à un mort musulman. Le « Zem-Zem », eau miraculeuse venue des Lieux Saints de l'Islam, pieusement conservée dans chaque famille, n'est pas oublié. On choisit des pagnes riches et sombres pour recouvrir Modou.

Le dos calé par des coussins, les jambes tendues, je suis les allées et venues, la tête recouverte d'un pagne noir. En face de moi, un van neuf, acheté pour la circonstance, reçoit les premières aumônes. La présence à mes côtés de ma co-épouse m'énerve. On l'a installée chez moi, selon la coutume, pour les funérailles. Chaque heure qui passe creuse ses joues plus profondément, cerne davantage ses yeux, des yeux immenses et beaux qui se ferment et s'ouvrent sur leurs secrets, des regrets peut-être. Au temps du rire et de l'insouciance, au temps de l'amour, la tristesse ploie cette enfant.

Pendant que les hommes dans une longue file hétéroclite de voitures officielles ou particulières, de cars rapides, de camionnettes et vélo-solex, conduisent Modou à sa dernière demeure, (on parlera longtemps du monde qui suivit le cortège funèbre) nos belles-sœurs nous décoiffent. Nous sommes installées, ma co-épouse et moi, sous une tente occasionnelle faite d'un pagne tendu au-dessus de nos têtes. Pendant que nos belles-sœurs œuvrent, les femmes présentes, prévenues de l'opération, se lèvent et jettent sur la toiture mouvante des piecettes pour conjurer le mauvais sort.

C'est le moment redouté de toute Sénégalaise, celui en vue duquel elle sacrifie ses biens en cadeaux à sa belle-famille, et où, pis encore, outre les biens, elle s'ampute de sa personnalité, de sa dignité, devenant une chose au service de l'homme qui l'épouse, du grand-père, de la grand-mère, du père, de la mère, du frère, de la sœur, de l'oncle, de la tante, des cousins, des cousines, des amis de cet homme. Sa conduite est conditionnée : une belle-sœur ne touche pas la tête d'une épouse qui a été avare, infidèle ou inhospitalière.

Nous, nous avons été méritantes et c'est le chœur de nos louanges chantées à tue-tête. Notre patience à toute épreuve, la largesse de notre cœur, la fréquence de nos cadeaux trouvent leur justification et leur récompense en ce jour. Nos belles-sœurs traitent avec la même égalité trente et cinq ans de vie conjugale. Elles célèbrent, avec la même aisance et les mêmes mots, douze et trois maternités. J'enregistre, courroucée, cette volonté de nivellement qui réjouit la nouvelle belle-mère de Modou.

Après s'être lavé les mains dans l'eau d'une bassine placée à l'entrée de la maison, les hommes revenus du cimetière, défilent devant la famille groupée autour de nous, les veuves. Ils présentent leurs condoléances ponctuées de louanges à l'adresse du disparu.

— Modou, ami des jeunes et des vieux...

— Modou, cœur de lion, défenseur de l'opprimé...

— Modou, aussi à l'aise dans un costume que dans un caftan...

— Modou, bon frère, bon mari, bon musulman...

— Que Dieu lui pardonne...

— Qu'il regrette son séjour terrestre face à sa félicité céleste...

— Que la terre lui soit légère !

Ils sont là, compagnons de jeux de son enfance, autour du ballon rond ou à la chasse aux oiseaux, avec les lance-pierres. Ils sont là, compagnons d'études. Ils sont là, compagnons des luttes syndicales.

Les « Siguil ndigalé » (2) se succèdent, poignants, tandis que des mains expertes distribuent à l'assistance biscuits, bonbons, colas judicieusement mêlés, premières offrandes vers les cieux pour le repos de l'âme du disparu.

_____

(2) Formule de condoléances qui contient un souhait de redressement moral.

3.

Le troisième jour, mêmes allées et venues d'amis, de parents, de pauvres, d'inconnus. Le nom du défunt, populaire, a mobilisé une foule bourdonnante, accueillie dans ma maison dépouillée de tout ce qui peut être volé, de tout ce qui peut être détérioré. Des nattes de tous genres s'étalent partout où elles trouvent place. Des chaises en fer, louées pour la circonstance, bleuissent au soleil.

Et monte, réconfortante la lecture du Coran ; paroles divines, recommandations célestes, impressionnantes promesses de châtiment ou de délices, exhortations au bien, mise en garde contre le mal, exaltation de l'humilité, de la foi. Des frissons me parcourent. Mes larmes coulent et ma voix s'ajoute faiblement aux « Amen » fervents qui mobilisent l'ardeur de la foule, à la chute de chaque verset.

L'odeur du « lakh » (1) qui tiédit dans des calebasses, flotte, excitante. Et défilent aussi les grandes cuvettes de riz rouge ou blanc, cuisiné sur place ou dans les maisons avoisinantes. Dans des verres en plastique, on sert jus de fruits, eau et lait caillé glacés. Le groupe des hommes mange, silencieux. Peut-être, ont-ils en mémoire

---

(1) Mets sénégalais à base de farine de mil malaxée grossièrement, cuite à l'eau. Se mange avec du lait caillé.

le corps raide, ficelé, descendu par leurs soins dans un trou béant vite refermé.

Chez les femmes, que de bruits : rires sonores, paroles hautes, tapes des mains, stridentes exclamations. Des amies, qui ne s'étaient vues depuis longtemps, s'étreignent bruyamment. Les unes parlent du dernier tissu paru sur le marché. D'autres indiquent la provenance de leurs pagnes tissés. On se transmet les derniers potins. Et l'on s'esclaffe et l'on roule les yeux et l'on admire le boubou de sa voisine, sa façon originale de noircir ses mains et ses pieds au henné, en y traçant des figures géométriques.

De temps en temps, une voix virile excédée met en garde, redéfinit le rassemblement : cérémonie pour la rédemption d'une âme. La voix est vite oubliée et le brouhaha revient, s'amplifiant.

Le soir, vient la phase la plus déroutante de cette cérémonie du troisième jour. Plus de monde, davantage de bousculade pour mieux voir et mieux entendre. Des groupes se constituent par affinités, par liens de sang, par quartiers, par corporations. Chaque groupe exhibe sa participation aux frais. Jadis, cette aide se donnait en nature : mil, bétail, riz, farine, huile, sucre, lait. Aujourd'hui, elle s'exprime ostensiblement en billets de banque et personne ne veut donner moins que l'autre. Troublante extériorisation du sentiment intérieur inévaluable, évalué en francs ! Et je pense encore : combien de morts auraient pu survivre si, avant d'organiser ses funérailles en festin, le parent ou l'ami avait acheté l'ordonnance salvatrice ou payé l'hospitalisation.

Les recettes sont inscrites minutieusement. C'est une dette à payer dans des circonstances identiques. Les parents de Modou ouvrent un cahier. Dame Belle-mère (de Modou) et sa fille ont un carnet. Fatim, ma petite sœur, inscrit soigneusement la liste de mes entrées sur un bloc-notes.

Issue d'une grande famille de cette ville, ayant des connaissances dans toutes les couches sociales, institutrice ayant des rapports aimables avec les parents d'élèves, compagne de Modou depuis trente ans, je reçois les sommes les plus fortes et de nombreuses enveloppes. L'intérêt que l'on me porte me grandit aux yeux d'autrui et c'est au tour de Dame Belle-mère d'être courroucée. Nouvellement entrée dans la bourgeoisie citadine par le mariage de sa fille, elle récolte aussi des billets. Quant à son enfant, muette, hagarde, elle demeure étrangère au milieu qui l'environne.

Les interpellations de nos belles-sœurs la sortent de sa torpeur. Elles rentrent en scène, après s'être consultées. Elles ont cotisé l'exorbitante somme de deux cent mille francs pour nous « habiller » (2). Hier, elles nous ont offert de l'excellent « thiakry » (3) pour étancher notre soif. La griote de la famille Fall est fière de son rôle de liaison transmis de mère en fille :

— « Cent mille francs, la branche paternelle ;

Cent mille francs, la branche maternelle. »

Elle compte les billets bleus ou roses un à un, les exhibe, et conclut : — « J'ai beaucoup à dire sur vous Fall, petits enfants de Damel Madiodio, qui avez hérité d'un sang royal. Mais l'un de vous n'est plus. Aujour-

---

(2) C'est aux sœurs du mari d'acheter les vêtements de deuil des veuves.

(3) Boisson obtenue en mêlant du lait caillé sucré à la farine de mil malaxée finement et cuite à la vapeur.

d'hui n'est pas un jour joyeux. Je pleure avec vous Modou, que je qualifiais de « sac de riz » car il me donnait fréquemment un sac de riz. Recevez donc les sommes, vous les dignes veuves d'un homme digne. »

Chaque veuve doit doubler sa part, comme sera doublée l'offrande des petits fils de Modou, représentés par la progéniture de tous ses cousins et cousines.

Notre belle-famille emporte ainsi des liasses laborieusement complétées et nous laisse dans un dénuement total, nous qui aurons besoin de soutien matériel.

Suit le défilé de vieux parents, de vieilles connaissances, de griots, de bijoutiers, de laobés au langage chantant. Les « au-revoir » énervent en se succédant à une cadence infernale, car ils ne sont pas simples ni gratuits : ils requièrent, selon la qualité du partant, tantôt une pièce, tantôt un billet de banque.

La maison se vide peu à peu. Relents de sueurs et d'aliments se mêlent en effluves désagréables, écœurantes. Des taches rouges de colas crachées çà et là : mes carreaux, si laborieusement entretenus, noircis. Taches de graisse aux murs, ballets de papiers froissés. Quel bilan pour une journée !

Mon horizon éclairci m'offre la vision d'une vieille femme. Qui est-elle ? D'où vient-elle ? Courbée, les pans de son boubou attachés au dos, elle vide dans un sac en plastique des restes de riz rouge. Son visage rayonnant dit l'agréable journée qu'elle vient de vivre. Elle veut en apporter la preuve à sa famille résidant à Cuakam, Thiaroye, Pikine (4), peut-être.

---

(4) Banlieues de Dakar.

Elle marmonne entre ses dents rouges de cola, quand, redressée, elle croise mon regard désapprobateur :
— « Dame, la mort est aussi belle que le fut la vie ».

.*.

Il en sera de même, hélas, pour les huitième et quarantième jours qui verront se rattraper ceux qui « ont su » tardivement. Légères toilettes qui laissent apparaître la sveltesse de la taille, la proéminence de la croupe, le soutien-gorge neuf ou acheté à la marchande de friperies, cure-dents calés à la bouche, châles blancs ou fleuris, parfums lourds d'encens et de « gongo » (5), voix criardes, rires aigus. Et pourtant, l'on nous dit dans le Coran que le troisième jour, le mort enfle et emplit sa tombe et pourtant, l'on nous dit que le huitième jour, il éclate ; et l'on nous dit aussi que le quarantième jour, il est démantelé ! Que signifient donc ces festins joyeux, établis en institution, qui accompagnent les prières pour la clémence de Dieu ? Qui est là par intérêt ? Qui est là pour étancher sa soif ? Qui est là pour plaindre ? Qui est là pour se souvenir ?

Ce soir, Binetou, ma co-épouse, rejoindra sa villa SI-CAP (6). Enfin ! Ouf !

Les visites de condoléances continuent : malades, voyageurs ou simples retardataires et paresseux viennent

(5) **Poudre odorante et excitante.**

(6) Société Immobilière du Cap-Vert qui bâtit des villas en location-vente ou en location simple.

accomplir ce qu'ils considèrent comme un devoir **sacré**. On peut manquer un baptême, jamais un deuil. Pièces et billets continuent d'affluer sur le van solliciteur.

Je vis seule dans une monotonie que ne coupent que les bains purificateurs et les changements de vêtements de deuil, tous les lundis et vendredis.

J'espère bien remplir mes charges. Mon cœur s'accorde aux exigences religieuses. Nourrie, dès l'enfance, à leurs sources rigides, je crois que je ne faillirai pas. Les murs qui limitent mon horizon pendant quatre mois et dix jours ne me gênent guère. J'ai en moi assez de souvenirs à ruminer. Et ce sont eux que je crains car ils ont le goût de l'amertume.

Puisse leur invocation ne rien souiller de l'état de pureté absolue où je dois évoluer.

A demain.

4.

Aïssatou, mon amie, je t'ennuie, peut-être, à te relater ce que tu sais déjà.

Je n'ai jamais autant observé, parce que n'ayant jamais été autant concernée.

La réunion familiale, tenue dans mon salon, ce matin, est enfin terminée. Tu devines aisément les présents ; Dame Belle-mère, son frère et sa fille Binetou encore amaigrie, le vieux Tamsir, frère de Modou et l'Iman de la mosquée de son quartier, Mawdo Bâ, ma fille et son mari Abdou.

« Le Mirasse », ordonné par le Coran nécessite le dépouillement d'un individu mort de ses secrets les plus intimes. Il livre ainsi à autrui ce qui fut soigneusement dissimulé. Des découvertes expliquent crûment une conduite. Je mesure, avec effroi, l'ampleur de la trahison de Modou. L'abandon de sa première famille (mes enfants et moi) était conforme à un nouveau choix de vie. Il nous rejetait. Il orientait son avenir sans tenir compte de notre existence.

Sa promotion au rang de conseiller technique au Ministère de la Fonction Publique, en échange de laquelle il avait endigué la révolte syndicale, disent les mauvaises langues, n'a rien pu contre la marée enlisante des dépenses où il se débattait. Mort sans un sou d'économie. Des reconnaissances de dettes ? Une pile : vendeurs de tissus et d'or, commerçants livreurs de denrées, bouchers, traites de voiture...

Adosse-toi. Le clou du « dépouillement » : la provenance de la villa SICAP, grand standing, quatre chambres à coucher, deux salles de bains rose et bleue, vaste salon, appartement de trois pièces construit à ses frais au fond de la deuxième cour, pour Dame Belle-mère. Et des meubles de France pour sa nouvelle femme et des meubles d'ébénistes locaux pour Dame belle-mère.

Ce logement et son chic contenu ont été acquis grâce à un prêt bancaire consenti sur une hypothèque de la villa « Falène » où j'habite. Cette villa, dont le titre foncier porte son nom, n'en est pas moins un bien commun acquis sur nos économies. Quelle audace dans l'escalade !

Il continuait d'ailleurs à verser mensuellement à la SICAP soixante-quinze mille francs. Ces versements devaient durer une dizaine d'années pour que la maison lui appartienne.

Quatre millions empruntés avec facilité, vu sa situation privilégiée, et qui avaient permis d'envoyer Dame Belle-mère et son époux acquérir les titres de Hadja et de El-Hadj à la Mecque ; qui permettaient également les changements continuels des « Alfa Roméo » de Binetou, à la moindre bosse.

Maintenant, je saisis l'horrible signification de l'abandon par Modou du compte bancaire qui nous était commun. Il voulait s'isoler financièrement pour avoir les coudées franches.

Et puis, ayant retiré Binetou du circuit scolaire, il lui versait une allocation mensuelle de cinquante mille francs, comme un salaire dû. La petite, très douée, voulait continuer ses études, passer son baccalauréat. Modou, malin, pour asseoir son règne, entendait la soustraire au monde critique et impitoyable des jeunes. Il acquiesça donc à toutes les conditions de la rapace « Dame Belle-mère », et avait même signé un papier où il s'engageait à verser tous les mois la dite somme. Dame Belle-mère brandissait de papier car elle croyait ferme que ces versements devaient continuer, même à la mort de Modou, sur l'héritage.

Ma fille Daba, elle, brandissait un constat d'huissier daté du jour de la mort même de son père qui indiquait tout le contenu de la villa SICAP. La liste fournie par Dame Belle-mère et Binetou ne mentionnait pas certains objets et meubles, mystérieusement disparus ou frauduleusement soustraits.

Tu me connais excessivement sentimentale. Ce qu'on exhibait de part et d'autre ne me plaisait pas du tout...

5.

Je t'ai quittée hier en te laissant stupéfaite sans doute par mes révélations.

Folie ? Veulerie ? Amour irrésistible ? Quel bouleversement intérieur a égaré la conduite de Modou Fall pour épouser Binetou ?

Pour vaincre ma rancœur, je pense à la destinée humaine. Chaque vie recèle une parcelle d'héroïsme, un héroïsme obscur fait d'abdications, de renoncements et d'acquiescements, sous le fouet impitoyable de la fatalité.

Je pense aux aveugles du monde entier qui se meuvent dans le noir. Je pense aux paralytiques du monde entier qui se traînent. Je pense aux lépreux du monde entier que leur mal ampute.

Victimes d'un triste sort que vous n'avez pas choisi, que sont à côté de vos lamentations, mes démêlés, motivés cruellement, avec un mort qui n'a plus de main-mise sur ma destinée ? Justiciers, vous auriez pu, en liguant vos désespoirs, rendre tremblants ceux que la richesse enivre, ceux que le hasard favorise. Vous auriez pu, en une horde puissante de sa répugnance et de sa révolte, arracher le pain que votre faim convoite.

Votre stoïcisme fait de vous, non des violents, non des inquiétants, mais de véritables héros, inconnus de la grande histoire, qui ne dérangent jamais l'ordre établi, malgré votre situation misérable.

Je répète, que sont à côté de vos tares visibles, les infirmités morales dont vous n'êtes d'ailleurs pas à l'abri ? En pensant à vous, je rends grâce à Dieu de mes yeux qui embrassent chaque jour le ciel et la terre. Si la fatigue morale m'ankylose aujourd'hui, elle désertera demain mon corps. Alors, ma jambe délivrée me portera lentement et, à nouveau, j'aurai autour de moi l'iode et le bleu de la mer. Seront miens l'étoile et le nuage blanc. Le souffle du vent rafraîchira encore mon front. Je m'étendrai, je me retournerai, je vibrerai. O ! Santé, habite-moi. O ! Santé...

Mes efforts ne me détournent pas longtemps de ma déception. Je pense au nourrisson orphelin à peine né. Je pense à l'aveugle qui ne verra jamais le sourire de son enfant. Je pense au calvaire du manchot. Je pense... Mais mon découragement persiste, mais ma rancœur demeure, mais déferlent en moi les vagues d'une immense tristesse !

Folie ou veulerie ? Manque de cœur ou amour irrésistible ? Quel bouleversement intérieur a égaré la conduite de Modou Fall pour épouser Binetou ?

Et dire que j'ai aimé passionnément cet homme, dire que je lui ai consacré trente ans de ma vie, dire que j'ai porté douze fois son enfant. L'adjonction d'une rivale à ma vie ne lui a pas suffi. En aimant une autre, il a brûlé son passé moralement et matériellement. Il a osé pareil reniement... et pourtant.

Et pourtant, que n'a-t-il fait pour que je devienne sa femme !

6.

Tu te souviens de ce train matinal qui nous emmena pour la première fois à Ponty-Ville, cité des normaliens dans Sébikotane. Ponty-Ville, c'est la campagne encore verte de la douche des dernières pluies, une Fête de la jeunesse en pleine nature, des mélodies des banjos dans des dortoirs transformés en pistes de danse, des causeries le long des allées de géraniums ou sous les manguiers touffus.

Modou Fall, à l'instant où tu t'inclinas devant moi pour m'inviter à danser, je sus que tu étais celui que j'attendais. Grand et athlétiquement bâti, certes. Teint ambré dû à ta lointaine appartenance mauresque, certes aussi. Virilité et finesse des traits harmonieusement conjuguées, certes encore. Mais surtout, tu savais être tendre. Tu savais deviner toute pensée, tout désir... Tu savais beaucoup de choses indéfinissables qui t'auréolaient et scellèrent nos relations.

Quand nous dansions, ton front déjà dégarni à cette époque se penchait sur le mien. Le même sourire heureux éclairait nos visages. La pression de ta main devenait plus tendre, plus possessive. Tout en moi acquiesçait et nos relations durèrent à travers années scolaires et vacances, fortifiées en moi par la découverte de ton intelligence fine, de ta sensibilité enveloppante, de ta serviabilité, de ton ambition qui n'admettait point la médiocrité. Cette ambi-

tion t'a conduit, à ta sortie de l'école, à la préparation
solitaire de tes deux baccalauréats. Puis, tu partis en
France, y vécus, selon tes lettres, en reclus, accordant
peu d'importance au cadre étincelant qui gênait ton
regard, mais tu embrassais le sens profond d'une histoire
qui a fait des prodiges, et d'une immense culture qui te
submergeait. Le teint laiteux des femmes ne te retint
pas. Toujours, selon tes lettres, « ce que la femme blanche possède de plus que la négresse sur le plan stricte-
ment physique est la variété dans la couleur, l'abondance,
la longueur et la souplesse de la chevelure. Il y a aussi
le regard qui peut être bleu, vert, souvent couleur de
miel neuf ». Tu te lamentais aussi de la morosité des
cieux où ne se balance nulle coiffe de cocotier. Te manquait « le dandinement des négresses, le long des trot-
toirs », cette lenteur gracieuse propre à l'Afrique, qui
charmait tes yeux. Tu avais mal jusqu'aux entrailles du
rythme intense des gens et de l'engourdissement du
froid. Tu concluais en te disant arc-bouté aux études.
Tu concluais en dévidant des tendresses. Tu concluais en
me rassurant : « C'est toi que je porte en moi. Tu es
ma négresse protectrice. Vite te retrouver rien que pour
une pression de mains qui me fera oublier faim et soif
et solitude ».

Et tu revins triomphant. Licencié en droit ! A la parade de l'avocat, malgré ta voix et tes dons d'orateur,
tu préféras un travail obscur, moins rémunéré mais
constructif pour ton pays.

Tes prouesses ne s'arrêtèrent pas là. L'introduction
dans notre cercle de ton ami Mawdo Bâ changera la vie
de ma meilleure amie, Aïssatou.

Je ne ris plus des réticences de ma mère à ton égard,

car une mère sent d'instinct où se trouve le bonheur de son enfant. Je ne ris plus en pensant qu'elle te trouvait trop beau, trop poli, trop parfait pour un homme. Elle parlait souvent de la séparation voyante de tes deux premières incisives supérieures, signe de primauté de la sensualité en l'individu. Que n'a-t-elle pas fait, dès lors, pour nous séparer ? De toi, elle ne voyait que l'éternel complet kaki, l'uniforme de ton école. De toi, elle ne retenait que les visites trop longues. Tu étais oisif, disait-elle, donc plein de temps à gaspiller. Et ce temps, tu l'employais à « farcir » ma tête au détriment de jeunes gens plus intéressants.

Car, premières pionnières de la promotion de la femme africaine, nous étions peu nombreuses. Des hommes nous taxaient d'écervelées. D'autres nous désignaient comme des diablesses. Mais beaucoup voulaient nous posséder. Combien de rêves avions-nous alimentés désespérément, qui auraient pu se concrétiser en bonheur durable et que nous avons déçus pour en embrasser d'autres qui ont piteusement éclaté comme bulles de savon, nous laissant la main vide ?

7.

Aïssatou, je n'oublierai jamais la femme blanche qui, la première, a voulu pour nous un destin « hors du commun ». Notre école, revoyons-la ensemble, verte, rose, bleue, jaune, véritable arc-en-ciel : verte, bleue, et jaune, couleurs des fleurs qui envahissaient la cour ; rose : couleur des dortoirs aux lits impeccablement dressés. Notre école, entendons vibrer ses murs de notre fougue à l'étude. Revivons la griserie de son atmosphère, les nuits, alors que retentissait pleine d'espérance, la chanson du soir, notre prière commune. Le recrutement qui se faisait par voie de concours à l'échelle de l'ancienne Afrique Occidentale Française, démantelée aujourd'hui en Républiques autonomes, permettait un brassage fructueux d'intelligences, de caractères, des mœurs et coutumes différents. Rien n'y distinguait, si ce n'étaient des traits spécifiquement raciaux, la Fon du Dahomey et la Malinké de Guinée. Des amitiés s'y nouaient, qui ont résisté au temps et à l'éloignement. Nous étions de véritables sœurs destinées à la même mission émancipatrice.

Nous sortir de l'enlisement des traditions, superstitions et mœurs ; nous faire apprécier de multiples civilisations sans reniement de la nôtre ; élever notre vision du monde, cultiver notre personnalité, renforcer nos qualités, mater nos défauts ; faire fructifier en nous les valeurs de la morale universelle ; voilà la tâche que s'était assignée l'admirable directrice. Le mot « aimer » avait une résonance particulière en elle. Elle nous aima sans paternalisme, avec nos tresses debout ou pliées, avec nos camisoles, nos pagnes. Elle sut découvrir et apprécier nos qualités.

Comme je pense à elle ! Si son souvenir résiste victorieusement à l'ingratitude du temps, à présent que les fleurs n'encensent plus aussi puissamment qu'autrefois, que le mûrissement et la réflexion dégarnissent les rêves du merveilleux, c'est que la voie choisie pour notre formation et notre épanouissement ne fut point hasard. Elle concorde avec les options profondes de l'Afrique nouvelle, pour promouvoir la femme noire.

Libérée donc des tabous qui frustrent, apte à l'analyse, pourquoi devrais-je suivre l'index de ma mère pointé sur Daouda Dieng, célibataire encore, mais trop mûr pour mes dix-huit hivernages. Exerçant la profession de Médecin Africain à la Polyclinique, il était nanti et savait en tirer profit. Sa villa, juchée sur un rocher de la Corniche, face à la mer, était le lieu de rencontre de l'élite jeune. Rien n'y manquait depuis le réfrigérateur où attendaient des boissons agréables jusqu'au phonographe, qui distillait tantôt de la musique langoureuse tantôt des airs endiablés.

Daouda Dieng savait aussi forcer les cœurs. Cadeaux utiles pour ma mère, allant du sac de riz, appréciable en cette période de pénurie de guerre, jusqu'au don futile pour moi, enveloppé avec préciosité, dans du papier enrubanné. Mais, je préférais l'homme à l'éternel complet kaki. Notre mariage se fit sans dot, sans faste, sous les regards désapprobateurs de mon père, devant l'indignation douloureuse de ma mère frustrée, sous les sarcasmes de mes sœurs surprises, dans notre ville muette d'étonnement.

8.

Puis, ce fut ton mariage avec Mawdo Bâ, fraîchement sorti de l'Ecole Africaine de Médecine et de Pharmacie. Un mariage controversé. J'entends encore les rumeurs coléreuses de la ville :

— Quoi, un Toucouleur qui convole avec une bijoutière ? Jamais, il « n'amassera argent ».

— La mère de Mawdo est une Dioufène, Guélewar du Sine. Quel soufflet pour elle, devant ses anciennes co-épouses ! (le père de Mawdo était mort).

— A vouloir coûte que coûte épouser une « courte robe », voilà sur quoi l'on tombe.

— L'école transforme nos filles en diablesses, qui détournent les hommes du droit chemin.

Et j'en passe. Mais Mawdo fut ferme.

« Le mariage est une chose personnelle », ripostait-il à qui voulait l'entendre.

Il souligna son adhésion totale au choix de sa vie, en rendant visite à ton père, non à son domicile, mais à son lieu de travail. Il revenait de ses randonnées, comme illuminé, heureux d'avoir « tranché dans le bon sens » exultait-il. Il parlait de ton père, « créateur ». Il admirait cet homme, affaibli par les doses quotidiennes d'oxyde de carbone avalé depuis le temps qu'il évolue dans l'âcreté des fumées poussiéreuses. L'or est sa chose qu'il fond, coule, tord, aplatit, affine, cisèle. « Il faut le voir, ajoutait

Mawdo. Il faut le voir souffler la flamme. » Ses joues se gonflaient de la vie de ses poumons. Cette vie animait la flamme, tantôt rouge, tantôt bleue, qui s'élevait ou se courbait, faiblissait ou s'intensifiait selon sa volonté et le besoin de l'œuvre. Et les paillettes d'or dans les gerbes d'étincelles rouges et le chant rude des apprentis qui scandaient les coups de marteau chez les uns, et la pression des mains sur les soufflets chez les autres, faisaient se retourner les passants.

Ton père, Aïssatou, connaissait l'ensemble des rites qui protègent le travail de l'or, métal des « Djin » (1). Chaque métier a son code que seuls des initiés possèdent et que l'on se confie de père en fils. Tes grands-frères, dès leur sortie de la case des circoncis, ont pénétré cet univers particulier qui fournit le mil nourricier de la concession.

Mais tes jeunes frères ? Leurs pas ont été dirigés vers l'école des Blancs.

L'ascension est laborieuse, sur le rude versant du savoir, à l'école des Blancs :

Le jardin d'enfants reste un luxe que seuls les nantis offrent à leurs petits. Pourtant, il est nécessaire lui qui aiguise et canalise l'attention et les sens du bambin.

L'école primaire, si elle prolifère, son accès n'en demeure pas moins difficile. Elle laisse à la rue un nombre impressionnant d'enfants, faute de places.

Entrer au lycée ne sauve pas l'élève aux prises à cet âge avec l'affermissement de sa personnalité, l'éclatement de sa puberté et la découverte des traquenards qui ont noms : drogue, vagabondage, sensualité.

---

(1) Esprits invisibles qui peuvent être néfastes.

L'université aussi a ses rejets exorbitants et désespérés.

Que feront ceux qui ne réussissent pas ? L'apprentissage du métier traditionnel apparaît dégradant à celui qui a un mince savoir livresque. On rêve d'être commis. On honnit la truelle. *TROWEL*

La cohorte des sans métiers grossit les rangs des délinquants.

Fallait-il nous réjouir de la désertion des forges, ateliers, cordonneries ? Fallait-il nous en réjouir sans ombrage ? Ne commencions-nous pas à assister à la disparition d'une élite de travailleurs manuels traditionnels ?

Eternelles interrogations de nos éternels débats. Nous étions tous d'accord qu'il fallait bien des craquements pour asseoir la modernité dans les traditions. Ecartelés entre le passé et le présent, nous déplorions les « suintements » qui ne manqueraient pas... Nous dénombrions les pertes possibles. Mais nous sentions que plus rien ne serait comme avant. Nous étions pleins de nostalgie, mais résolument progressistes.

9.

Mawdo te hissa à sa hauteur, lui, fils de princesse, toi, enfant des forges. Le reniement de sa mère ne l'effrayait pas.

Nos existences se côtoyaient. Nous connaissions les bouderies et les réconciliations de la vie conjugale. Nous subissions, différemment, les contraintes sociales et la pesanteur des mœurs. J'aimais Modou. Je composais avec les siens. Je tolérais ses sœurs qui désertaient trop souvent leur foyer pour encombrer le mien. Elles se laissaient nourrir et choyer. Elles regardaient sans réagir leurs enfants danser sur mes fauteuils. Je tolérais les crachats glissés adroitement sous mes tapis.

Sa mère passait et repassait, au gré de ses courses, toujours flanquée d'amies différentes, pour leur montrer la réussite sociale de son fils et surtout, leur faire toucher du doigt sa suprématie dans cette belle maison qu'elle n'habitait pas. Je la recevais avec tous les égards dus à une reine et elle s'en retournait, comblée, surtout si sa main emprisonnait le billet de banque que j'y plaçais adroitement. Mais à peine sortie de la maison, elle pensait à la nouvelle vague d'amies qu'elle devait prochainement épater.

Le père de Modou était plus compréhensif. Il nous visitait le plus souvent sans s'asseoir. Il acceptait un

verre d'eau fraîche et s'en allait après avoir renouvelé
ses prières de protection pour la maison.

Je savais sourire aux uns et aux autres et acceptais
de perdre un temps utile en futiles palabres. Mes belles-
sœurs me croyaient soustraite aux corvées ménagères.
— « Avec tes deux bonnes ! » insistaient-elles.

Allez leur expliquer qu'une femme qui travaille n'en
est pas moins responsable de son foyer. Allez leur expliquer que rien ne va si vous ne descendez pas dans l'arène,
que vous avez tout à vérifier, souvent tout à reprendre :
ménage, cuisine, repassage. Vous avez les enfants à débar-
bouiller, le mari à soigner. La femme qui travaille a des
charges doubles aussi écrasantes les unes que les autres,
qu'elle essaie de concilier. Comment les concilier ? Là,
réside tout un savoir-faire qui différencie les foyers.

Certaines de mes belles-sœurs n'enviaient guère ma
façon de vivre. Elles me voyaient me démener à la maison, après le dur travail de l'école. Elles appréciaient leur
confort, leur tranquillité d'esprit, leurs moments de loisirs et se laissaient entretenir par leurs maris que les
charges écrasaient.

D'autres, limitées dans leurs réflexions, enviaient mon
confort et mon pouvoir d'achat. Elles s'extasiaient devant
les nombreux « trucs » de ma maison : fourneau à gaz,
moulin à légumes, pince à sucre. Elles oubliaient la
source de cette aisance : debout la première, couchée la
dernière, toujours en train de travailler...

 Toi, Aïssatou, tu laissas ta belle famille barricadée
dans sa dignité boudeuse. Tu te lamentais : « Ta belle-
famille t'estime. Tu dois bien la traiter. Moi, la mienne
me regarde du haut de sa noblesse déchue. Qu'y puis-
je ? »

Tandis que la mère de Mawdo pensait à sa vengeance, nous, nous vivions : réveillons de Noël organisés par plusieurs couples dont les frais étaient équitablement partagés, et abrités par chaque foyer à tour de rôle. Nous exhumions sans complexe les pas d'antan : biguines ardentes, rumbas frénétiques, tangos langoureux. Nous retrouvions les battements de cœur anciens qui fortifiaient nos sentiments.

Nous sortions aussi de la ville étouffante, pour humer l'air sain des banlieues marines.

Nous longions la corniche dakaroise, l'une des plus belles de l'Afrique de l'Ouest, véritable œuvre d'art de la nature. Des rochers arrondis ou pointus, noirs ou ocres dominaient l'Océan. De la verdure, parfois de véritables jardins suspendus s'épanouissaient sous le ciel clair. Nous débouchions sur la route de Ouakam qui mène également à Ngor, et plus loin à l'aérogare de Yoff. Nous reconnaissions au passage la ruelle qui mène en profondeur à la plage des Almadies.

Notre halte préférée était la plage de Ngor, située au village du même nom où de vieux pêcheurs barbus raccommodaient les filets, sous les bentenniers. Des enfants nus et morveux jouaient en toute liberté, s'ils ne s'ébattaient pas dans la mer.

Sur le sable fin, rincé par la vague et gorgé d'eau, des pirogues, peintes naïvement, attendaient leur tour d'être lancées sur les eaux. Dans leur coque, luisaient de petites flaques bleues pleines de ciel et de soleil.

Quelle affluence les jours de fête ! De nombreuses familles, assoiffées d'espace et d'air pur, déambulaient. On se dénudait sans complexe, tenté par la caresse bienfaisante de la brise iodée et la tiédeur des rayons solaires.

Des fainéants dormaient sous les parasols déployés. Quelques gamins, pelles et seaux en mains, bâtissaient et démolissaient les châteaux de leur imagination.

Le soir, les pêcheurs revenaient de leur randonnée laborieuse. Ils avaient échappé une fois de plus, au piège mouvant de la mer. De simples lignes noires à l'horizon, les barques devenaient plus distinctes, les unes des autres, au fur et à mesure de leur approche. Elles dansaient dans les creux des vagues, puis se laissaient paresseusement drainer. Des pêcheurs descendaient gaîment voile et matériel. Tandis que d'autres rassemblaient la moisson frétillante, certains tordaient leurs habits trempés et épongeaient leurs fronts.

Sous les yeux émerveillés des bambins, les poissons vivants sautillaient, tandis que s'incurvaient les longs serpents de mer. Rien n'est plus beau qu'un poisson à la sortie de l'eau, avec son œil clair et frais, ses écailles dorées ou argentées et ses beaux reflets bleutés !

Des mains triaient, groupaient, divisaient. Pour la maison, nous faisions d'intéressantes provisions.

L'air marin nous incitait à la bonne humeur. Le plaisir que nous goûtions et qui fêtait tous nos sens, enivrait sainement, aussi bien le riche que le pauvre. Notre communion, avec la nature profonde, insondable et illimitée, désintoxiquait notre âme. Le découragement et la tristesse s'en allaient, soudainement remplacés par des sentiments de plénitude et d'épanouissement.

Revigorés, nous reprenions le chemin de nos foyers. Comme nous avions le secret des bonheurs simples, cures bienfaisantes dans la tourmente des jours !

Te souviens-tu des pique-niques organisés à Sangalkam, dans le champ que Mawdo Bâ avait hérité de son père ?

Sangalkam reste le refuge des Dakarois, qui désirent rompre avec la frénésie de la ville. Beaucoup de propriétés
s'y côtoient donc, achetées par des jeunes qui y ont
installé de véritables résidences secondaires : ces espaces
verts sont propices au repos, à la méditation et au
défoulement des enfants. La route de Rufisque mène à
cette oasis.

La mère de Mawdo avait entretenu le champ avant le
mariage de son fils. Le souvenir de son mari l'avait rivée
à cette parcelle de terre où leurs mains unies et patientes
avaient discipliné la végétation qui émerveillait nos yeux.

Toi, tu y avais ajouté la petite construction du fond :
trois chambrettes simples, une salle d'eau, une cuisine.
Tu avais fleuri abondamment quelques coins. Tu avais
fait bâtir un poulailler, puis un enclos pour des moutons.

Des cocotiers au feuillage entrecroisé protégeaient du
soleil. Des sapotilles fondantes voisinaient avec les odo-
rantes grenades. Des mangues, lourdes à porter, faisaient
ployer des branches. Des papayes qui ressemblaient à
des seins multiformes, restaient tentantes et inaccessibles,
au sommet des troncs élancés.

Feuilles vertes et feuilles bronzées, herbes nouvelles
et herbes fanées jonchaient le sol. Sous nos pas, des four-
mis reconstruisaient inlassablement leur logis.

Que l'ombre était tiède sur les lits de camp dressés.
Les équipes de jeux se succédaient dans la clameur victo-
rieuse ou les lamentations de la défaite.

Et nous nous gavions des fruits à portée de la main !
Et nous buvions l'eau des noix de coco ! Et nous nous
racontions des « histoires salées » ! Et nous nous tré-
moussions, invités par les accents violents d'un phono-

graphe ! Et l'agneau assaisonné de poivre, ail, beurre, piment, grillait sur le feu de bois.

Et nous vivions. Debout, dans nos classes surchargées, nous étions une poussée du gigantesque effort à accomplir, pour la régression de l'ignorance.

Chaque métier, intellectuel ou manuel, mérite considération, qu'il requière un pénible effort physique ou de la dextérité, des connaissances étendues ou une patience de fourmi. Le nôtre, comme celui du médecin, n'admet pas l'erreur. On ne badine pas avec la vie, et la vie, c'est à la fois le corps et l'esprit. Déformer une âme est aussi sacrilège qu'un assassinat. Les enseignants — ceux du cours maternel autant que ceux des universités — forment une armée noble aux exploits quotidiens, jamais chantés, jamais décorés. Armée toujours en marche, toujours vigilante. Armée sans tambour, sans uniforme rutilant. Cette armée-là, déjouant pièges et embûches, plante partout le drapeau du savoir et de la vertu.

Comme nous aimions ce sacerdoce, humbles institutrices d'humbles écoles de quartiers. Comme nous servions avec foi notre métier et comme nous nous dépensions pour l'honorer. Nous avions appris — comme tout apprenti — à bien le pratiquer dans cette école annexe, située à quelques mètres de la nôtre, où des institutrices chevronnées enseignaient aux novices que nous étions à concrétiser, dans les leçons données, nos connaissances de psychologie et de pédagogie... Nous stimulions le déferlement de vagues enfantines qui emportaient dans leur repli un peu de notre être.

10.

Modou se hissait à la première place des organisations syndicales. Son intelligence des gens et des choses lui alliait à la fois employeurs et salariés. Il axait ses efforts sur des points facilement satisfaits, qui allégeaient le labeur ou agrémentaient la vie. Il cherchait des améliorations pratiques à la condition ouvrière. Son slogan : à quoi bon faire miroiter l'impossible ? Obtenir le « possible » est déjà une victoire.

Son point de vue ne faisait pas l'unanimité, mais on se fiait à son réalisme pratique.

Mawdo ne pouvait faire ni du syndicalisme ni de la politique, faute de temps. Sa réputation de bon médecin s'affermissant, il restait prisonnier de sa mission dans un hôpital bourré de malades, car on allait de moins en moins chez le guérisseur, spécialiste des mêmes décoctions de feuilles pour des maladies différentes.

Tout le monde lisait journaux et revues. L'Afrique du Nord bougeait.

Interminables discussions où des points de vue s'alliaient ou se heurtaient, se complétaient ou se refoulaient, avez-vous façonné le visage de l'Afrique Nouvelle ?

Rêve assimilationniste du colonisateur, qui attirait dans son creuset notre pensée et notre manière d'être, port du casque sur la protection naturelle de nos cheveux crépus, pipes fumantes à la bouche, shorts blancs au-dessus des

mollets, robes très courtes, découvrant des jambes gal-
bées, toute une génération prit, d'un coup, conscience
du ridicule que vous couviez.

L'Histoire marchait, inexorable. Le débat à la recherche de la voie juste secouait l'Afrique occidentale. Des
hommes courageux connurent la prison ; sur leurs traces,
d'autres poursuivirent l'œuvre ébauchée.

Privilège de notre génération, charnière entre deux
périodes historiques, l'une de domination, l'autre d'indépendance. Nous étions restés jeunes et efficaces, car nous
étions porteurs de projets. L'indépendance acquise, nous
assistions à l'éclosion d'une République, à la naissance
d'un hymne et à l'implantation d'un drapeau.

J'entendais répéter que toutes les forces vives du
pays devaient se mobiliser. Et nous disions qu'au-dessus
des inclinations, inévitables, pour tel ou tel parti, tel ou
tel modèle de société, il fallait l'unité nationale. Beaucoup d'entre nous ralliaient le parti dominant, lui infu-
sant du sang nouveau. Etre productif dans la mêlée valait
mieux que se croiser les bras ou s'abriter derrière des
idéologies importées.

Pratique, Modou conduisait les syndicats à la collabo-
ration avec le gouvernement, ne demandant, pour ses
troupes, que le possible. Mais il maugréait contre l'ins-
tallation hâtive de nombreuses Ambassades, qu'il jugeait
coûteuses pour notre pays sous-développé. Avec cette
saignée pour la gloriole et bien d'autres, telles les invitations fréquentes d'étrangers, que d'argent perdu ! Et,
songeant à ses salariés, il maugréait encore : « Combien
d'écoles ou d'équipements hospitaliers perdus ! Combien
de revenus mensuels augmentés ! Combien de routes
bitumées ! »

Mawdo et toi, l'écoutiez. Nous étions dans les hauts sommets, tandis que ta belle-mère, qui te voyait rayonner auprès de son fils, qui voyait son fils fréquenter de plus en plus la forge de ton père, qui voyait ta mère prendre des rondeurs et mieux s'habiller, ta belle-mère pensait de plus en plus à sa vengeance.

11.

Je sais que je te secoue, que je remue un couteau dans une plaie à peine cicatrisée ; mais que veux-tu, je ne peux m'empêcher de me resouvenir dans cette solitude et cette réclusion forcées.

La mère de Mawdo, c'est Tante Nabou pour nous et Seynabou pour les autres. Elle portait un nom glorieux du Sine : Diouf. Elle est descendante de Bour-Sine. Elle vivait dans le passé sans prendre conscience du monde qui muait. Elle s'obstinait dans les vérités anciennes. Fortement attachée à ses origines privilégiées, elle croyait ferme au sang porteur de vertus et répétait en hochant la tête, que le manque de noblesse à la naissance se retrouve dans le comportement. Et la vie ne l'a point épargnée, la mère de Mawdo Bâ. Elle perdit tôt un mari cher, éleva courageusement son aîné Mawdo et deux autres filles, aujourd'hui mariées et... bien mariées. Elle vouait une affection de tigresse à son « seul homme », Mawdo Bâ, et quand elle jurait sur le nez, symbole de la vie, de son « seul homme », elle avait tout dit. Maintenant, son « seul homme » lui échappait, par la faute de cette maudite bijoutière, pire qu'une griote. La griote porte bonheur. Mais une bijoutière !... Elle brûle tout sur son passage comme un feu de forge.

La mère de Mawdo, alors que nous vivions décontractés, considérant ton mariage comme un problème dépassé, elle réfléchissait le jour, elle réfléchissait la nuit, au moyen de se venger de toi, la Bijoutière.

Elle décida, un beau jour, de rendre visite à son jeune frère, Farba Diouf, chef coutumier à Diakhao. Elle rangea quelques vêtements bien choisis dans une valise qu'elle m'emprunta, entassa dans un panier divers achats : provisions et denrées chères ou rares en Sine (fruits de France, fromages, confitures), jouets pour ses neveux, coupons de tissus destinés à son frère et à ses quatre femmes.

Elle fit appel à Modou pour quelques billets soigneusement pliés et rangés dans son porte-monnaie. Elle se fit coiffer, teignit ses pieds et mains au henné. Vêtue, parée, elle partit.

La route de Rufisque se dédouble de nos jours, au croisement de Diamniadio : la Nationale I, à droite, mène, au-delà de Mbour, au Sine-Saloum, tandis que la Nationale II, traversant Thiès et Tivaouane, berceau du Tidianisme, s'élance vers Saint-Louis, naguère capitale du Sénégal. Tante Nabou n'avait pas ces voies agréables de communication. Dans le car et sur la piste cahotante, avec émotion, elle se retranchait dans ses souvenirs. La vitesse vertigineuse du véhicule, qui l'emportait vers les lieux de son enfance, ne l'empêchait pas de reconnaître le paysage familier. Voici Sindia, puis, à gauche, Popenguine où les *gourmettes* (1) festoient à la Pentecôte.

Que de générations a vu défiler ce même paysage figé ! Tante Nabou constatait la vulnérabilité des êtres face à l'éternité de la nature. Par sa durée, la nature défie le temps et prend sa revanche sur l'homme.

_____

(1) Gourmettes : catholiques.

Les baobabs tendaient aux cieux les nœuds géants de leurs branches ; des vaches traversaient avec lenteur le chemin et défiaient de leur regard morne les véhicules ; des bergers, en culottes bouffantes, un bâton sur l'épaule ou à la main, canalisaient les bêtes. Hommes et animaux se fondaient comme en un tableau venu du fond des âges.

Tante Nabou fermait les yeux chaque fois que le car croisait un véhicule. Les gros camions et leurs énormes chargements surtout l'effrayaient.

La belle Mosquée « Médinatou-Minaouara » n'était pas encore édifiée à la gloire de l'Islam ; mais, dans le même élan pieux, hommes et femmes priaient en bordure de la route. « Pour se convaincre de la survie des traditions, il faut sortir de Dakar », murmurait Tante Nabou.

Des épineux bordaient à gauche la forêt de Ndiassane ; des singes s'en échappaient pour se griser de lumière.

Voici Thiadiaye, Tataguine, Diouroupe, puis Ndioudiouf et enfin Fatick, capitale du Sine. Essoufflé et fumeux, le car bifurqua à gauche. Des secousses, des secousses encore. Enfin, Diakhao, Diakhao la Royale, Diakhao, berceau et tombeau des Bour Sine, Diakhao de ses ancêtres, Diakhao, la bien-aimée, avec la vaste concession de son ancien palais.

Les mêmes lourdeurs meurtrissaient son cœur, à chaque visite au domaine familial.

Avant toute chose, de l'eau pour des ablutions et une natte pour prier et se recueillir face à la tombe de l'aïeul. Ensuite, elle promena son regard empreint de tristesse et chargé d'histoire sur les autres tombes. Ici, les morts cohabitent avec les vivants dans l'enceinte familiale : chaque roi, au retour du sacre, plantait dans la cour deux arbres qui délimitaient sa dernière demeure. Tante Nabou lança vers ces repaires mortuaires des versets psalmodiés avec ferveur. Elle avait un masque tragique, dans ces lieux de grandeur qui chantaient le passé, au son des « djou-djoung » (1).

Ton existence, Aïssatou, ne ternira jamais sa noble descendance, jura-t-elle.

Associant dans sa pensée rites antiques et religion, elle se rappela le lait à verser dans le Sine (2) pour l'apaisement des esprits invisibles. Demain, elle irait faire dans l'eau ses offrandes pour se préserver du mauvais œil, tout en s'attirant la sympathie des « tours » (3).

Royalement accueillie, elle rentra aussitôt dans ses prérogatives d'aînée du maître de maison. On ne lui parlait que genoux à terre. Elle prenait ses repas seule, servie de ce qu'il y avait de meilleur dans les marmites.

Les visiteurs vinrent de partout pour l'honorer, lui rappelant ainsi la véracité de la loi du sang. Ils ressuscitèrent pour elle l'exploit de l'aieul Bour-Sine et la poussière des combats et l'ardeur des chevaux pur sang... Elle puisa force et vigueur dans les cendres ancestrales remuées, au son éclectique des koras, grisée des senteurs lourdes de l'encens brûlé. Elle convoqua son frère.

— J'ai besoin, lui dit-elle, d'une enfant à mes côtés, pour meubler mon cœur ; je veux que cette enfant soit, à la fois, mes jambes et mon bras droit. Je vieillis. Je

(1) Tam-tam royal du Sine.
(2) Fleuve souterrain.
(3) Compagnons invisibles.

ferai de cette enfant une autre moi-même. La maison
est vide depuis que les miens sont mariés.

Elle pensait à toi, fignolant sa vengeance, mais se
garda bien de parler de toi, de la haine qu'elle t'avait
vouée. — Qu'à cela ne tienne, rétorqua Farba Diouf. Je ne
t'ai jamais proposé d'éduquer l'une de mes filles par
crainte de te fatiguer. Or, les jeunes d'aujourd'hui sont
difficiles à tenir. Prends la petite Nabou, ton homonyme.
Elle est à toi. Je ne te demande que ses os.

Satisfaite, Tante Nabou refit sa valise, mit dans ses
paniers tout ce que l'on trouve en brousse et qui est
cher en ville : couscous séché, pâte d'arachides grillées,
mil, œufs, lait, poules. La petite Nabou bien prise dans
sa main droite, elle reprit le chemin inverse.

12.

En me rendant ma valise, Tante Nabou me présenta la petite Nabou ; elle la présenta également dans toutes les maisons amies.

La petite Nabou entra, par mes soins, à l'école française. Mûrissant à l'ombre protectrice de sa tante, elle apprenait le secret des sauces délicieuses, à manier fer à repasser et pilon. Sa tante ne manquait jamais l'occasion de lui souligner son origine royale et lui enseignait que la qualité première d'une femme est la docilité.

Après son certificat d'études et quelques années au lycée, la grande Nabou conseilla à sa nièce de passer le concours d'entrée à l'Ecole des Sages-Femmes d'Etat : « Cette école est bien. Là, on éduque. Nulle guirlande sur les têtes. Des jeunes filles sobres, sans boucles d'oreilles, vêtues de blanc, couleur de la pureté. Le métier que tu y apprendras est beau ; tu gagneras ta vie et tu conquerras des grâces pour ton paradis, en aidant à naître des serviteurs de Mohamed (1). En vérité, l'instruction d'une femme n'est pas à pousser. Et puis, je me demande comment une femme peut gagner sa vie en parlant matin et soir. »

La petite Nabou devint donc sage-femme. Un beau jour, Tante Nabou convoqua Mawdo et lui dit : « Mon

(1) Le prophète Mahomet.

frère Farba t'a donné la petite Nabou comme femme
pour me remercier de la façon digne dont je l'ai élevée.
Si tu ne la gardes pas comme épouse, je ne m'en relè-
verai jamais. La honte tue plus vite que la maladie. »

Je savais. Modou savait. La ville savait. Toi, Aïssatou,
tu ne soupçonnais rien et rayonnais toujours.

Et parce que sa mère avait pris date pour la nuit
nuptiale, Mawdo eut enfin le courage de te dire ce que
chaque femme chuchotait : tu avais une co-épouse. « Ma
mère est vieille. Les chocs de la vie et les déceptions
ont rendu son cœur fragile. Si je méprise cette enfant,
elle mourra. C'est le médecin qui parle, non le fils.
Pense donc, la fille de son frère, élevée par ses soins,
rejetée par son fils. Quelle honte devant la société ! »

C'est « pour ne pas voir sa mère mourir de honte et
de chagrin » que Mawdo était décidé à se rendre au
rendez-vous de la nuit nuptiale. Devant cette mère rigide,
pétrie de morale ancienne, brûlée intérieurement par
les féroces lois antiques, que pouvait Mawdo Bâ ? Il
vieillissait, usé par son pesant travail et puis, voulait-il
seulement lutter, ébaucher un geste de résistance ? La
petite Nabou était si tentante...

Alors, tu ne comptas plus, Aïssatou. Le temps et
l'amour investis dans ton foyer ? Des bagatelles vite
oubliées. Tes fils ? Ils ne pesèrent guère lourd dans
cette réconciliation d'une mère et de son « seul
homme » ; tu ne comptas plus, pas plus que tes quatre fils : ceux-ci ne seront jamais les égaux des fils de
la petite Nabou.

Les enfants de la petite Nabou, les griots diront d'eux,
en les exaltant : « Le sang est retourné à sa source. »

Tes fils ne comptaient pas. La mère de Mawdo, prin-

cesse, ne pouvait se reconnaître dans le fils d'une bijoutière.

Et puis, une bijoutière, peut-elle avoir de la dignité,
de l'honneur ? C'est comme si l'on se demandait si tu
avais un cœur et une chair. Ah ! pour certains, l'honneur et le chagrin d'une bijoutière sont moindres, bien
moindres que l'honneur et le chagrin d'une Guélewar (1).

Mawdo ne te chassait pas. Il allait à son devoir et
souhaitait que tu restes. La petite Nabou résiderait toujours chez sa mère ; c'est toi qu'il aimait. Tous les deux
jours, il se rendrait, la nuit, chez sa mère, voir l'autre
épouse, pour que sa mère « ne meure pas » ; pour
« accomplir un devoir ».

Comme tu fus plus grande que ceux qui sapaient ton
bonheur !

On te conseillait des compromis : « On ne brûle pas
un arbre qui porte des fruits ».

On te menaçait dans ta chair : « Des garçons ne peuvent réussir sans leur père. »

Tu passas outre.

Ces vérités, passe-partout, qui avaient jadis courbé
la tête de bien des épouses révoltées, n'opérèrent pas
le miracle souhaité ; elles ne te détournèrent pas de
ton option. Tu choisis la rupture, un aller sans retour
avec tes quatre fils, en laissant bien en vue, sur le lit
qui fut vôtre, cette lettre destinée à Mawdo et dont je
me rappelle l'exact contenu :

_____

(1) **Princesse du Sine**

Mawdo,

Les princes dominent leurs sentiments, pour honorer leurs devoirs. Les « autres » courbent leur nuque et acceptent en silence un sort qui les brime.

Voilà, schématiquement, le règlement intérieur de notre société avec ses clivages insensés. Je ne m'y soumettrai point. Au bonheur qui fut nôtre, je ne peux substituer celui que tu me proposes aujourd'hui. Tu veux dissocier l'Amour tout court et l'amour physique. Je te rétorque que la communion charnelle ne peut être sans l'acceptation du cœur, si minime soit-elle.

Si tu peux procréer sans aimer, rien que pour assouvir l'orgueil d'une mère déclinante, je te trouve vil. Dès lors, tu dégringoles de l'échelon supérieur, de la respectabilité où je t'ai toujours hissé. Ton raisonnement qui scinde est inadmissible : d'un côté, moi, « ta vie, ton amour, ton choix », de l'autre, « la petite Nabou, à supporter par devoir ».

Mawdo, l'homme est un : grandeur et animalité confondues. Aucun geste de sa part n'est de pur idéal. Aucun geste de sa part n'est de pure bestialité.

Je me dépouille de ton amour, de ton nom. Vêtue du seul habit valable de la dignité, je poursuis ma route.

Adieu.

Aïssatou.

Et tu partis. Tu eus le surprenant courage de t'assumer. Tu louas une maison et t'y installas. Et, au lieu de regarder en arrière, tu fixas l'avenir obstinément. Tu t'assignas un but difficile ; et plus que ma présence, mes encouragements, les livres te sauvèrent. Devenus ton refuge, ils te soutinrent.

Puissance des livres, invention merveilleuse de l'astucieuse intelligence humaine. Signes divers, associés en sons ; sons différents qui moulent le mot. Agencement de mots d'où jaillit l'idée, la Pensée, l'Histoire, la Science, la Vie. Instrument unique de relation et de culture, moyen inégalé de donner et de recevoir. Les livres soudent des générations au même labeur continu qui fait progresser. Ils te permirent de te hisser. Ce que la société te refusait, ils te l'accordèrent : des examens passés avec succès te menèrent toi aussi, en France. L'Ecole d'Interprétariat, d'où tu sortis, permit ta nomination à l'Ambassade du Sénégal aux Etats-Unis. Tu gagnes largement ta vie. Tu évolues dans la quiétude, comme tes lettres me le disent, résolument détournée des chercheurs de joies éphémères et de liaisons faciles.

Mawdo ? Il renoue avec sa famille. Ceux de Diakhao envahissent sa maison ; ceux de Diakhao soutiennent la petite Nabou. Mais, et Mawdo le sait, il n'y a pas de comparaison possible entre toi et la petite Nabou, toi, si belle, si douce ; toi, qui savais éponger le front de ton mari ; toi, qui lui vouais une tendresse profonde, parce que désintéressée ; toi, qui savais trouver des mots justes pour le délasser.

Mawdo ? Que ne disait-il pas ? « Je suis déboussolé. On ne change pas les habitudes d'un homme fait. Je cherche chemises et pantalons aux anciennes places et ne tâte que du vide ».

Je ne plaignais pas Mawdo.

« Ma maison est une banlieue de Diakhao. Impossible de m'y reposer. Tout y est sale. La petite Nabou donne mes denrées et mes vêtements aux visiteurs. »

Je n'écoutais pas Mawdo.

« Quelqu'un m'a dit t'avoir vue en compagnie de Aïssatou, hier ? Est-ce vrai ? Est-elle là ? Comment est-elle ? Et mes fils ? »

Je ne répondais pas à Mawdo.

Car Mawdo demeurait pour moi une énigme et à travers lui, tous les hommes. Ton départ l'avait bien ébranlé. Sa tristesse était bien évidente. Quand il parlait de toi, les inflexions de sa voix se durcissaient. Mais, ses allures de désabusé, les critiques acerbes de son foyer, sa verve qui houspillait tout, n'empêchaient point le gonflement périodique du ventre de la petite Nabou. Deux garçons étaient déjà nés.

Mis devant ce fait visible, preuve de ses communions intimes avec la petite Nabou, Mawdo se contractait avec fureur. Son regard me fustigeait : « Voyons, ne fais pas l'idiote. Comment veux-tu qu'un homme reste de pierre, au contact permanent de la femme qui évolue dans sa maison ? » Il ajoutait, démonstratif :

« J'ai vu un film où les rescapés d'une catastrophe aérienne ont survécu en mangeant la chair des cadavres. Ce fait plaide la force des instincts enfouis dans l'homme, instincts qui le dominent, quelle que soit son intelligence. Débarrasse-toi de ton excès de sentimentalité rêveuse. Accepte la réalité dans sa brusque laideur. »

« On ne résiste pas aux lois impérieuses qui exigent de l'homme nourriture et vêtements. Ces mêmes lois poussent le « mâle » ailleurs. Je dis bien « mâle » pour marquer la bestialité des instincts... Tu comprends... Une femme doit comprendre une fois pour toutes et pardonner ; elle ne doit pas souffrir en se souciant des « trahisons » charnelles. Ce qui importe, c'est ce qu'il y a là, dans le cœur ; c'est ce qui lie deux êtres, au-dedans... » (Il frappait sa poitrine, à la place du cœur.)

« Acculé aux extrêmes limites de la résistance, je me repais de ce qui se trouve à ma portée. C'est vilain à dire. La vérité est laide quand on l'analyse. »

Ainsi, pour se justifier, il ravalait la petite Nabou au rang de « mets ». Ainsi, pour changer de « saveur », les hommes trompent leurs épouses.

J'étais offusquée. Il me demandait compréhension. Mais comprendre quoi ? La suprématie de l'instinct ? Le droit à la trahison ? La justification du désir de changement ? Je ne pouvais être l'alliée des instincts polygamiques. Alors, comprendre quoi ?...

Comme j'enviais ta tranquillité lors de ton dernier séjour ! Tu étais là, débarrassée du masque de la souffrance. Tes fils poussaient bien, contrairement aux prédictions. Tu ne t'inquiétais pas de Mawdo. Oui, tu étais bien là, le passé écrasé sous ton talon. Tu étais là, victime innocente d'une injuste cause et pionnière hardie d'une nouvelle vie.

13.

Mon drame survint trois ans après le tien. Mais, contrairement à ton cas, le point de départ ne fut pas ma belle-famille. Le drame prit racine en Modou même, mon mari.

Ma fille Daba, préparant son baccalauréat, emmenait souvent à la maison des compagnes d'études. Le plus souvent, c'était la même jeune fille, un peu timide, frêle, mal à l'aise, visiblement, dans notre cadre de vie. Mais comme elle était jolie à la sortie de l'enfance, dans ses vêtements délavés, mais propres ! Sa beauté resplendissait, pure. Les courbes harmonieuses de son corps ne pouvaient passer inaperçues.

Je voyais, parfois, Modou s'intéresser au tandem. Je ne m'inquiétais nullement, non plus, lorsque je l'entendais se proposer pour ramener Binetou en voiture, « à cause de l'heure tardive », disait-il.

Binetou cependant se métamorphosait. Elle portait maintenant des robes de prêt-à-porter très coûteuses. Elle expliquait à ma fille en riant : « Je tire leur prix de la poche d'un vieux. »

Puis un jour, en revenant de l'école, Daba m'avoua que Binetou avait un sérieux problème :

« Le vieux des robes « Prêt-à-porter » veut épouser Binetou. Imagine un peu. Ses parents veulent la sortir de l'école, à quelques mois du Bac, pour la marier au vieux. »

— Conseille-lui de refuser, dis-je.

— Et si l'homme en question lui propose une villa, la Mecque pour ses parents, voiture, rente mensuelle, bijoux ?

— Tout cela ne vaut pas le capital jeunesse.

— Je pense comme toi, maman. Je dirai à Binetou de ne pas céder ; mais sa mère est une femme qui veut tellement sortir de sa condition médiocre et qui regrette tant sa beauté fanée dans la fumée des feux de bois, qu'elle regarde avec envie tout ce que je porte ; elle se plaint à longueur de journée.

— L'essentel est Binetou. Qu'elle ne cède pas.

Et puis, quelques jours après, Daba renoua le dialogue avec sa surprenante conclusion.

— Maman ! Binetou, navrée, épouse son « vieux ». Sa mère a tellement pleuré. Elle a supplié sa fille de lui « donner une fin heureuse, dans une vraie maison » que l'homme leur a promise. Alors, elle a cédé.

— A quand le mariage ?

— Ce dimanche-ci, mais il n'y aura pas de réception. Binetou ne peut pas supporter les moqueries de ses amies.

Et, au crépuscule de ce même dimanche où l'on mariait Binetou, je vis venir dans ma maison, en tenue d'apparat et solennels, Tamsir, le frère de Modou, entre Mawdo Bâ et l'Imam de son quartier. D'où sortaient-ils si empruntés dans leurs boubous empesés ? Ils venaient sûrement chercher Modou pour une mission importante dont on avait chargé l'un d'eux. Je dis l'absence de Modou depuis le matin. Ils entrèrent en riant, reniflant avec force l'odeur sensuelle de l'encens qui émanait de partout. Je m'assis devant eux en riant aussi. L'Imam attaqua :

— Quand Allah tout puissant met côte à côte deux êtres, personne n'y peut rien.

— Oui, oui, appuyèrent les deux autres.

Une pause. Il reprit souffle et continua :

— Dans ce monde, rien n'est nouveau.

— Oui, oui, renchérirent encore Tamsir et Mawdo.

— Un fait qu'on trouve triste l'est bien moins que d'autres...

Je suivais la mimique des lèvres dédaigneuses d'où sortaient ces axiomes qui peuvent précéder l'annonce d'un événement heureux ou malheureux. Où voulait-il donc en venir avec ce préambule qui annonçait plutôt un orage ? Leur venue n'était point hasard. Annonce-t-on un malheur aussi endimanché ? Ou, voulait-on inspirer confiance par une mise impeccable ?

Je pensais à l'absent. J'interrogeai dans un cri de fauve traqué :

— Modou ?

Et l'Imam, qui tenait enfin un fil conducteur, ne le lâcha plus. Il enchaîna, vite, comme si les mots étaient des braises dans sa bouche :

— Oui, Modou Fall, mais heureusement vivant pour toi, pour nous tous, Dieu merci. Il n'a fait qu'épouser une deuxième femme, ce jour. Nous venons de la Mosquée du Grand-Dakar où a eu lieu le mariage.

Les épines ainsi ôtées du chemin par l'Imam, Tamsir osa :

« Modou te remercie. Il dit que la fatalité décide des êtres et des choses : Dieu lui a destiné une deuxième femme, il n'y peut rien. Il te félicite pour votre quart de siècle de mariage où tu lui as donné tous les bonheurs qu'une femme doit à son mari. Sa famille, en particulier moi, son frère aîné, te remercions. Tu nous a vénérés. Tu sais que nous sommes le sang de Modou. »

Et puis, les éternelles paroles qui doivent alléger l'événement : « Rien que toi dans ta maison si grande soit-elle, si chère que soit la vie. Tu es la première femme, une mère pour Modou, une amie pour Modou. »

La pomme d'Adam de Tamsir dansait dans sa gorge. Il secouait sa jambe gauche croisée sur sa jambe droite repliée. Ses chaussures, des babouches blanches, portaient une légère couche de poussière rouge, la couleur de la terre où elles avaient marché. Cette même poussière était attachée aux chaussures de Mawdo et de l'Imam.

Mawdo se taisait. Il revivait son drame. Il pensait à ta lettre, à ta réaction, et j'étais si semblable à toi. Il se méfiait. Il gardait la nuque baissée, l'attitude de ceux qui se croient vaincus avant de combattre.

J'acquiesçais sous les gouttes de poison qui me calcinaient : « Quart de siècle de mariage », « femme incomparable ». Je faisais un compte à rebours pour déceler la cassure du fil à partir de laquelle tout s'est dévidé. Les paroles de ma mère me revenaient : « Trop beau, trop parfait ». Je complétais enfin la pensée de ma mère par la fin du dicton : « pour être honnête ». Je pensais aux deux premières incisives supérieures séparées largement par un espace, signe de la primauté de l'amour en l'individu. Je pensais à son absence, toute la journée.

Il avait simplement dit : « Ne m'attendez pas à déjeuner ». Je pensais à d'autres absences, fréquentes ces temps-ci, crûment éclairées aujourd'hui et habilement dissimulées hier sous la couverture de réunions syndicales. Il suivait aussi un régime draconien pour casser « l'œuf du ventre » disait-il en riant, cet œuf qui annonçait la vieillesse.

Quand il sortait chaque soir, il dépliait et essayait plusieurs vêtements avant d'en adopter un. Le reste, nerveusement rejeté, gisait à terre. Il me fallait replier, ranger ; et ce travail supplémentaire, je découvrais que je ne l'effectuais que pour une recherche d'élégance destinée à la séduction d'une autre.

Je m'appliquais à endiguer mon remous intérieur. Surtout, ne pas donner à mes visiteurs la satisfaction de raconter mon désarroi. Sourire, prendre l'événement à la légère, comme ils l'ont annoncé. Les remercier de la façon humaine dont ils ont accompli leur mission. Renvoyer des remerciements à Modou, « bon père et bon époux », « un mari devenu un ami ». Remercier ma belle-famille, l'Imam, Mawdo. Sourire. Leur servir à boire. Les raccompagner sous les volutes de l'encens qu'ils reniflaient encore. Serrer leurs mains.

Comme ils étaient contents, sauf Mawdo, qui, lui, mesurait la portée de l'événement à sa juste valeur.

14.

Enfin seule, pour donner libre cours à ma surprise et jauger ma détresse. Ah ! oui, j'ai oublié de demander le nom de ma rivale et de pouvoir ainsi donner une forme humaine à mon mal.

Mon interrogation ne resta pas longtemps sans réponse. Des connaissances du Grand-Dakar accouraient vers ma demeure, porteuses de tous les détails de la cérémonie les unes par réelle amitié pour moi, les autres, dépitées et jalouses de la promotion que tirait du mariage la mère de Binetou.

« Je ne comprends pas. » Elles non plus ne comprenaient pas l'entrée de Modou, une « personnalité », dans cette famille de « ndol » (1), d'une extrême pauvreté.

Binetou, une enfant de l'âge de ma fille Daba, promue au rang de ma co-épouse et à qui je devais faire face. Binetou la timide ! Le vieil homme qui achetait ses nouvelles robes « prêt-à-porter », qui remplaçaient les vêtements fanés, était Modou. Elle avait innocemment confié ses secrets à la fille de sa rivale parce qu'elle croyait que ce rêve, surgi d'un cerveau vieillissant, ne serait jamais réalité. Elle avait tout dit : la villa, la rente mensuelle, le voyage futur à la Mecque offert à ses parents. Elle croyait être plus forte que l'homme auquel elle se

(1) Pauvres.

mesurait. Elle ne connaissait pas la puissante volonté de Modou, sa ténacité devant l'obstacle, son orgueil de vaincre, la résistance inspirant de nouveaux assauts à chaque échec.

Daba rageait, blessée dans son orgueil. Elle répétait tous les surnoms que Binetou avait donnés à son père : Vieil homme ! Ventru ! Le Vieux !... L'auteur de sa vie était quotidiennement bafoué et il l'acceptait. Une colère épouvantable habitait Daba. Elle savait sincères les paroles de sa meilleure amie. Mais que peut une enfant devant une mère en furie, qui hurle sa faim et sa soif de vivre ?

Binetou est un agneau immolé comme beaucoup d'autres sur l'autel du « matériel ». La rage de Daba augmentait au fur et à mesure qu'elle analysait la situation : « Romps, Maman ! Chasse cet homme. Il ne nous a pas respectées, ni toi, ni moi. Fais comme Tata Aïssatou, romps. Dis-moi que tu rompras. Je ne te vois pas te disputant un homme avec une fille de mon âge. »

Je me disais ce que disent toutes les femmes trompées : Si Modou était du lait, c'est moi qui ai eu toute la crème. Ce qui restait, bah ! de l'eau avec une vague odeur de lait.

Mais la décision finale m'appartenait. Modou, absent toute la nuit, (consommait-il déjà son mariage ?), la solitude qui porte conseil me permit de bien cerner le problème.

Partir ? Recommencer à zéro, après avoir vécu vingt-cinq ans avec un homme, après avoir mis au monde douze enfants ? Avais-je assez de force pour supporter seule le poids de cette responsabilité à la fois morale et matérielle ?

Partir ! Tirer un trait net sur le passé. Tourner une page ou tout n'était pas luisant sans doute, mais net. Ce qui va désormais y être inscrit ne contiendra ni amour, ni confiance, ni grandeur, ni espérance. Je n'ai jamais connu les revers pourris du mariage. Ne pas les connaître ! Les fuir ! Quand on commence à pardonner, il y a une avalanche de fautes qui tombent et il ne reste plus qu'à pardonner encore, pardonner toujours. Partir, m'éloigner de la trahison ! Dormir sans me poser de questions, sans tendre l'oreille au moindre bruit, dans l'attente du mari qu'on partage.

Je comptais les femmes connues, abandonnées ou divorcées de ma génération.

J'en connaissais dont le reste de jeunesse florissante avait pu conquérir un homme valable qui alliait situation et prestance et que l'on jugeait « mieux, cent fois mieux que le partant ». La misère qui était le lot de ces femmes régressait à l'envahissement de leur bonheur neuf qui changeait leur vie, arrondissait leurs joues, rendait brillants leurs yeux. J'en connaissais qui avaient perdu tout espoir de renouvellement et que la solitude avait mises très tôt sous terre.

Le jeu du destin reste impénétrable. Les cauris, qu'une voisine lance sur un van, devant moi, ne me convient à l'optimisme ni quand ils restent ouverts, présentant leur creux noir signifiant le rire, ni quand le rassemblement de leurs dos tout blancs semble dire que s'avance vers moi « l'homme au double pantalon » (1), promesse

(1) Désigne un homme qui s'habille en costume occidental.

de richesse. « Ne te sépare d'eux, homme et richesses, que l'aumône de deux colas blanche et rouge », ajoute la voisine, Farmata.

Elle insiste : « L'adage dit bien que le désaccord ici peut être chance ailleurs. Pourquoi es-tu incrédule ? Pourquoi n'oses-tu pas rompre ? Une femme est comme un ballon ; qui lance ce ballon ne peut prévoir ses rebondissements. Il ne contrôle pas le lieu où il roule, moins encore celui qui s'en empare. Souvent s'en saisit une main que l'on ne soupçonnait pas... »

Au lieu de suivre le raisonnement de ma voisine, une griote qui rêve à de solides pourboires d'entremetteuse, je me mirais. L'éloquence du miroir s'adressait à mes yeux. Ma minceur avait disparu ainsi que l'aisance et la rapidité de mes mouvements. Mon ventre saillait sous le pagne qui dissimulait des mollets développés par l'impressionnant kilométrage des marches qu'ils avaient effectuées, depuis le temps que j'existe. L'allaitement avait ôté à mes seins leur rondeur et leur fermeté. La jeunesse désertait mon corps, aucune illusion possible !

Alors que la femme puise, dans le cours des ans, la force de s'attacher, malgré le vieillissement de son compagnon, l'homme, lui, rétrécit de plus en plus son champ de tendresse. Son œil égoïste regarde par dessus l'épaule de sa conjointe. Il compare ce qu'il eut à ce qu'il n'a plus, ce qu'il a à ce qu'il pourrait avoir.

J'avais entendu trop de détresses, pour ne pas comprendre la mienne. Ton cas, Aïssatou, le cas de bien d'autres femmes, méprisées, reléguées ou échangées, dont on s'est séparé comme d'un boubou usé ou démodé.

Pour vaincre la détresse quand elle vous assiège il

faut de la volonté. Quand on pense que chaque seconde écoulée abrège la vie, on doit profiter intensément de cette seconde, c'est la somme de toutes les secondes perdues ou cueillies qui fait les vies râtées ou réussies. Se muscler pour endiguer les désespoirs et les réduire à leurs justes proportions ! Quand on se laisse mollement pénétrer par l'amertume, la dépression nerveuse guette. Petit à petit, elle prend possession de votre être.

Oh ! la dépression nerveuse ! Les cliniciens en parlent d'une façon détachée, ironique, en soulignant que vos organes vitaux ne sont pas atteints. C'est juste s'ils ne vous disent pas que vous les ennuyez avec l'énumération toujours plus longue de vos maux — tête, gorge, poitrine, cœur, foie — qu'aucune radiographie ne confirme. Et pourtant, quels maux atroces que ceux déclenchés par la dépression nerveuse !

Et je pense à Jacqueline, qui en fut atteinte. Jacqueline cette Ivoirienne qui avait désobéi à ses parents protestants pour épouser Samba Diack, le promotionnaire de Mawdo Bâ, médecin comme lui, affecté à sa sortie de l'Ecole Africaine de Médecine et de Pharmacie à Abidjan. Jacqueline nous fréquentait puisque son mari fréquentait les nôtres. En regagnant le Sénégal, elle atterrissait dans un monde nouveau pour elle, un monde différent en réactions, tempérament et mentalité de celui où elle avait évolué. De plus, les parents de son mari — toujours les parents —, la boudaient d'autant plus qu'elle ne voulait pas embrasser la religion musulmane et allait tous les dimanches au Temple Protestant.

Noire et Africaine, elle aurait dû s'intégrer, sans heurt, dans une société noire et africaine, le Sénégal et la

Côte d'Ivoire ayant passé entre les mains du même colonisateur français. Mais l'Afrique est différente, morcelée. Un même pays change plusieurs fois de visage et de mentalité, du Nord au Sud ou de l'Est à l'Ouest.

Jacqueline voulait bien se sénégaliser, mais les moqueries arrêtaient en elle toute volonté de coopération. On l'appelait « gnac » (3) et elle avait fini par percer le contenu de ce sobriquet qui la révoltait.

Son mari, qui revenait de loin, passait ses loisirs à pourchasser les Sénégalaises « fines », appréciait-il, et ne prenait pas la peine de cacher ses aventures, ne respectant ni sa femme ni ses enfants. Son absence de précautions mettait sous les yeux de Jacqueline les preuves irréfutables de son inconduite : mots d'amour, talons de chèques portant les noms des bénéficiaires, factures de restaurants et de chambre d'hôtel. Jacqueline pleurait, Samba Diack « noçait ». Jacqueline maigrissait. Samba Diack « noçait » toujours. Et un jour, Jacqueline se plaignit d'avoir une boule gênante dans la poitrine, sous le sein gauche ; elle disait avoir l'impression d'être pénétrée là par une pointe qui fouillait la chair jusqu'au dos. Elle geignait. Mawdo l'ausculta : rien au cœur, dit-il. Il prescrivit un calmant. Jacqueline prit avec ardeur ses comprimés, tenaillée par la douleur insidieuse. Le flacon vide, elle constata que la boule demeurait à la même place ; la souffrance la harcelait avec la même acuité.

Elle s'en ouvrit à un médecin compatriote, qui demanda son électrocardiogramme, ordonna des analyses diverses de sang. Rien dans le tracé électrique du cœur, rien d'anormal dans le sang. Il prescrivit, lui aussi, un

(3) Broussarde.

calmant, de gros comprimés effervescents qui ne vinrent pas à bout de l'angoisse de la pauvre Jacqueline.

Elle pensa à ses parents, à leur refus de cautionner son mariage. Elle leur écrivit une lettre pathétique où elle implorait leur pardon. Leur bénédiction lui parvint, sincère, mais ne put rien contre l'étrange pesanteur de la poitrine.

On emmena Jacqueline à l'hôpital de Fann sur la route de Ouakam, près de l'Université qui y envoie en stage, comme à l'hôpital Aristide Le Dantec, ses étudiants en Médecine. Ce Centre Hospitalier n'existait pas aux temps des études à l'école de Médecine et de Pharmacie de Mawdo Bâ et de Samba Diack. Il comprend plusieurs services abrités par des bâtiments autonomes ou reliés pour faciliter la communication. Ces constructions n'arrivent pas, malgré leur nombre et leur masse, à garnir l'immense terrain où l'hôpital est implanté. En y pénétrant, Jacqueline pensait aux fous qu'on y internait. Il fallut lui expliquer que les fous étaient en psychiatrie et que, en ces lieux, on les appelle des malades mentaux. Ils n'étaient pas violents d'ailleurs, ceux-là étant internés à l'hôpital psychiatrique de Thiaroye. Jacqueline était en neurologie, et nous qui venions la visiter, apprîmes que l'hôpital abritait également des services où l'on soignait la tuberculose et les maladies infectieuses.

Jacqueline était prostrée dans son lit. Ses beaux cheveux noirs délaissés, qu'aucun peigne n'avait démélés depuis qu'elle courait de médecin en médecin, formaient sur sa tête des touffes hirsutes. Le foulard qui

les protégeait, en se déplaçant, découvrait l'enduit de
mixture de racines que nous y versions, car nous avions
recours à tout pour arracher cette sœur à son univers
infernal. Et, c'est ta mère, Aïssatou, qui allait consulter
pour nous les guérisseurs, et ramenait de ses visites
« safara » (4) et directives de sacrifices que tu t'empres-
sais d'exécuter.

Jacqueline pensait à la mort. Elle l'attendait, crain-
tive et tourmentée, la main sur la poitrine, là où la boule
invisible, tenace, déjouait tous les pièges, se moquait
avec malice de tous les tranquillisants. Jacqueline avait
pour voisine de chambre un professeur de lettres, Assis-
tante Technique enseignant au Lycée Faidherbe de Saint-
Louis. De Saint-Louis, dit-elle, elle n'a pu connaître que
le pont qui enjambe le fleuve. Un mal de gorge, aussi
soudain que violent, l'a empêchée de prendre service et
l'a conduite ici où elle attend son rapatriement.

Je l'observe souvent. Vieille pour son état de demoi-
selle. Maigre, anguleuse même, sans charme attachant.
Les études avaient dû être les seules distractions de sa
jeunesse. Revêche, elle a dû bloquer tout élan passion-
nel. Sa solitude lui a sans doute fait chercher le changement. Un poste de professeur au Sénégal a dû correspon-
dre à ses rêves d'évasion. Elle est ainsi venue, mais tous
ses rêves avortés, toutes ses espérances déçues, toutes
ses révoltes tues se sont liguées à l'assaut de sa gorge que
protégeait un foulard bleu marine à pois blancs qui tran-
chait sur la pâleur de sa poitrine. Le médicament qui
badigeonnait la gorge bleuissait les lèvres minces, pincées

(4) **Liquide au pouvoir surnaturel.**

sur leur misère. Elle avait de grands yeux bleus, lumineux, seule clarté, seule beauté, seule charité céleste dans l'ingratitude du visage. Elle regardait Jacqueline. Jacqueline la regardait. Elle tâtait sa gorge. Jacqueline tâtait sa poitrine. Et nous riions de leur manège, surtout quand la malade de la chambre voisine arrivait pour « causer » disait-elle, et découvrait son dos à la caresse rafraichissante du climatiseur. Elles souffrait de bouffées de chaleur excessivement brûlantes à cet endroit.

Etranges et multiples manifestations de dystonies neuro-végétatives. Docteurs, prenez garde, surtout si vous n'êtes point neurologues ou psychiatres. Souvent les maux dont on vous parle prennent racine dans la tourmente morale. Ce sont les brimades subies et les perpétuelles contradictions qui s'accumulent quelque part dans le corps et l'étouffent.

Jacqueline, aimant la vie, supporta vaillamment prise de sang sur prise de sang. On refit électrocardiogramme, et radiographie pulmonaire. On lui fit un électro-encéphalogramme qui décela des traces de souffrances. Une électro-encéphalographie gazeuse s'avéra dès lors nécessaire. Elle est douloureuse à l'extrême, accompagnée toujours d'une ponction lombaire. Jacqueline demeura ce jour-là, clouée au lit, plus pitoyable et plus hagarde que jamais.

Samba Diack se montra gentil et affecté devant le délabrement de sa femme.

Un beau jour, après un mois de traitement (piqûres intra-veineuses et tranquillisants), après un mois d'investigations, alors que sa voisine française avait regagné son pays, le médecin Chef du Service de Neurologie convoqua Jacqueline. Elle eut en face d'elle un homme que la maturité et la noblesse du métier embellissaient davantage, un homme que le commerce de la plus déplorable des misères, — l'aliénation mentale — n'avait point aigri. Il fouilla de ses yeux aigus, habitués à jauger, les yeux de Jacqueline, pour déceler dans cette âme, la source des angoisses qui perturbaient l'organisme. D'une voix douce, rassurante qui était déjà un baume pour cet être exalté, il confia : « Madame Diack, je vous garantis la santé de votre tête. Les radios n'ont rien décelé, les analyses de sang non plus. Vous êtes simplement déprimée, c'est-à-dire... pas heureuse. Les conditions de vie que vous souhaitez diffèrent de la réalité et voilà pour vous des raisons de tourments. De plus vos accouchements se sont succédé trop rapidement ; l'organisme perd ses sucs vitaux qui n'ont pas le temps d'être remplacés. Bref, vous n'avez rien qui compromette votre vie.

« Il faut réagir, sortir, vous trouver des raisons de vivre. Prenez courage. Lentement, vous triompherez. Nous allons vous faire une série de chocs sous curare qui vous détendront. Vous pourrez partir ensuite. »

Le médecin ponctuait ses mots de hochements de tête et de sourires convaincants qui mirent en Jacqueline beaucoup d'espérance. Ranimée, elle nous rapporta ces propos et nous confia qu'elle était sortie de cet entretien à moitié guérie. Elle connaissait le noyau de son mal et le combattrait. Elle se moralisait. Elle revenait de loin, Jacqueline !

Pourquoi ai-je évoqué l'épreuve de cette amie ? A cause de son issue heureuse ? Ou seulement pour retarder la formulation du choix que j'ai fait, choix que ma raison refusait mais qui s'accordait à l'immense tendresse que je vouais à Modou Fall ?

Oui, je voyais bien où se trouvait la bonne solution, la digne solution. Et, au grand étonnement de ma famille, désapprouvée unanimement par mes enfants influencés par Daba, je choisis de rester. Modou et Mawdo surpris ne comprenaient pas... Toi, mon amie, prévenue, tu ne fis rien pour me dissuader, respectueuse de mon nouveau choix de vie.

Je pleurais tous les jours.

Dès lors, ma vie changea. Je m'étais préparée à un partage équitable selon l'Islam, dans le domaine polygamique. Je n'eus rien entre les mains.

Mes enfants qui contestaient mon option me boudaient. Face à moi, ils représentaient une majorité que je devais respecter.

— Tu n'es pas au bout de tes peines, prédisait Daba.

Le vide m'entourait. Et Modou me fuyait. Les tentatives amicales ou familiales, pour le ramener au bercail, furent vaines. Une voisine du nouveau couple m'expliqua que la « petite » entrait en transes, chaque fois que Modou prononçait mon nom ou manifestait le désir de voir ses enfants. Il ne vint jamais plus ; son nouveau bonheur recouvrit petit à petit notre souvenir. Il nous oublia.

15.

Aïssatou, mon amie, il n'y a pas de comparaison possible entre la petite Nabou et toi, je te l'ai dit. Mais, je reconnais aussi, qu'il n'y a pas de comparaison possible entre la petite Nabou et Binetou. La petite Nabou avait grandi à côté de sa tante, qui lui avait assigné comme époux son fils Mawdo. Mawdo avait donc peuplé les rêves d'adolescence de la petite Nabou. Habituée à le voir, elle s'était laissée entraîner naturellement, vers lui, sans choc. Ses cheveux grisonnants ne l'offusquaient pas ; ses traits épaissis étaient rassurants pour elle. Et puis, elle aimait et aime encore Mawdo, même si leurs préoccupations ne véhiculent pas toujours le même contenu. L'empreinte de l'école n'avait pas été forte en la petite Nabou, précédée et dominée par la force de caractère de tante Nabou qui, dans sa rage de vengeance, n'avait rien laissé au hasard dans l'éducation qu'elle avait donnée à sa nièce. C'était surtout, par les contes, pendant les veillées à la belle étoile, que tante Nabou avait exercé son emprise sur l'âme de la petite Nabou, sa voix expressive glorifiait la violence justicière du guerrier ; sa voix expressive plaignait l'inquiétude de l'Aimée toute de soumission. Elle saluait le courage des téméraires ; elle stigmatisait la ruse, la paresse, la calomnie ; elle réclamait sollicitude pour l'orphelin et respect pour la vieillesse. Mise en scène d'animaux, chansons nostalgiques tenaient haletante la petite Nabou. Et lentement, sûrement, par la ténacité de la répétition, s'insinuaient en cette enfant, les vertus et la grandeur d'une race.

Cette éducation orale, facilement assimilée, pleine de charme, a le pouvoir de déclencher de bons réflexes dans une conscience adulte forgée à son contact. Douceur et générosité, docilité et politesse, savoir faire et savoir parler, rendaient agréable la petite Nabou. « Mièvre ! » la jugeait, en haussant les épaules, Mawdo.

Et puis, la petite Nabou exerçait un métier. Elle n'avait point de temps pour des « états d'âme ». Responsable de services de garde rapprochés, à la Maternité du Repos Mandel, au débouché de quartiers périphériques peuplés et démunis, elle accomplissait à longueur de journée maintes fois, les gestes libérateurs de vie. Les bébés passaient et repassaient entre ses mains expertes.

Elle revenait de son travail harassée, pestant contre le manque de lits qui renvoyait, trop tôt à son gré, les accouchées à leur domicile, butée contre le manque de personnel, d'instruments adéquats, de médicaments. Elle s'émouvait : « Le bébé fragile est lâché trop tôt dans un milieu social où l'hygiène manque. »

Elle pensait à la grande mortalité infantile que des nuits de veille et de dévouement ne font point régresser. Elle songeait : « Passionnante aventure que de faire d'un bébé un homme sain ! Mais combien de mères la réussissent ? »

Au cœur de la vie, au cœur de la misère, au cœur des laideurs, la petite Nabou triomphait, souvent, avec son savoir et son expérience ; mais, elle connaissait parfois des échecs cuisants ; elle restait impuissante devant la force de la mort.

Responsable et consciente, la petite Nabou, comme toi, comme moi ! Si elle n'est pas mon amie, nos préoccupations se rejoignaient souvent.

Elle trouvait dur de vivre et, lutteuse, elle n'était point portée vers les frivolités.

Quant à Binetou, elle avait grandi en toute liberté, dans un milieu où la survie commande. Sa mère était plus préoccupée de faire bouillir la marmite que d'éducation. Belle, enjouée, bon cœur, intelligente, Binetou qui avait accès à beaucoup de familles aisées où évoluaient ses amies, avait une conscience aiguë de ce qu'elle immolait dans son mariage. Victime, elle se voulait oppresseur. Exilée dans le monde des adultes qui n'était pas le sien, elle voulait sa prison dorée. Exigeante, elle tourmentait. Vendue, elle élevait chaque jour sa valeur. Ses renoncements, qui étaient jadis la sève de sa vie et qu'elle énumérait avec amertume, réclamaient des compensations exorbitantes que Modou s'exténuait à satisfaire. Me parvenaient, amplifiés ou amputés, selon le visiteur, les échos de leur vie. La séduction de l'âge mûr, des tempes poivre et sel était inconnue de Binetou. Et Modou teignait mensuellement ses cheveux. La taille douloureusement prise dans ses pantalons qui n'étaient plus de mode, Binetou ne manquait jamais l'occasion d'en rire méchamment. Modou s'essoufflait à emprisonner une jeunesse déclinante qui le fuyait de partout : pointe disgracieuse d'un double menton, démarche hésitante et lourde au moindre souffle frais. La grâce et la beauté l'environnaient. Il avait peur de décevoir et pour qu'on n'eût pas le temps de l'observer, il créait tous les jours des fêtes où la charmante enfant évoluait, elfe aux bras fins faisant d'un rire le beau temps ou d'une moue la tristesse.

On parlait d'ensorcellement. Des amies, avec conviction, me suppliaient de réagir : « Tu laisses à une autre le fruit de ton labeur. »

Elles indiquaient, avec véhémence, des marabouts à la science sûre qui avaient fait leurs preuves, ramenant l'époux à son foyer, éloignant la femme perverse. Ils avaient des résidences fort éloignées, ces charlatans. On citait la Casamance où les Diolas et Madjagos excellent en philtres magiques. On pointait l'index vers Linguère, le pays des peulhs, prompts à la vengeance par le maraboutage comme par l'arme. On parlait également du Mali, le pays des Bambaras aux visages entaillés de profondes balafres.

Suivre ces exhortations aurait été me remettre en question. Je me reprochais déjà une faiblesse qui n'avait pas empêché la dégradation de mon foyer. Devais-je me renier parce que Modou avait choisi une autre voie ? Non, je ne cédais pas aux sollicitations. Ma raison et ma foi rejetaient les pouvoirs surnaturels. Elles rejetaient cette attraction facile qui annihile toute volonté de lutte. Je regardais, en face, la réalité.

La réalité avait le visage de Dame Belle-mère qui avalait des bouchées doubles au ratelier qu'on lui offrait. Ses pressentiments d'un mode de vie dorée s'accomplissaient. Sa baraque branlante, tapissée de zinc et de couvertures de revues où se côtoyaient « pin-ups » et publicités, était estompée dans son souvenir. Un geste, dans sa salle de bain, et l'eau chaude massait son dos en jets délicieux ! Un geste, dans la cuisine, et des glaçons refroidissaient l'eau de son verre. Un autre geste, une flamme jaillissait du fourneau à gaz et elle se préparait une délicieuse omelette.

Première femme, naguère négligée, Dame Belle-mère émergeait de l'ombre et reprenait en main son époux infidèle. Elle avait des atouts appréciables : grillades, poulets rôtis et pourquoi pas, des billets de banque glissés dans la poche du boubou suspendu au porte-manteau de la chambre à coucher. Elle ne comptait plus, comme naguère, pour économiser le prix des estagnons d'eau achetés au Toucouleur, vendeur ambulant du liquide vital, puisé aux fontaines publiques. Elle jouissait de son bonheur neuf, en connaissance de la misère. Modou répondait à son attente. Il lui envoyait, prévenant, des liasses de billets à dépenser et lui offrait, lors de ses voyages à l'extérieur, des bijoux et de riches boubous. Dès lors, elle accéda à la catégorie des femmes « au bracelet lourd », chantées par les griots. Extasiée, elle écoutait la radio transmettre des hymnes qui lui étaient dédiés.

Sa famille lui réservait la meilleure place dans les cérémonies et écoutait ses conseils. Quand la longue voiture de Modou la déposait et qu'elle apparaissait, c'était vers elle, une ruée de mains tendues où elle déposait des billets de banque.

La réalité était aussi Binetou qui allait de Night-Club en Night-Club. Elle arrivait, drapée dans une longue robe coûteuse ; une ceinture en or, cadeau de Modou à la naissance de leur premier enfant, étincelait à sa taille. Ses chaussures martelaient le sol pour signaler sa présence. Les serveurs s'écartaient et s'inclinaient, respectueux, dans l'espérance d'un pourboire royal. D'un regard méprisant, elle toisait ceux qui étaient déjà installés. Sa moue d'enfant gâté indiquait à Modou la table choisie. D'un geste, comme une magicienne, elle faisait aligner diverses bouteilles. Elle se montrait aux jeunes et désirait leur imposer sa forme de réussite. Incontestablement belle et désirable, Binetou ! « Envoûtante ! » reconnaissait-on. Mais l'instant d'admiration passé, c'est elle qui baissait la tête, à la vue des couples parés de leur seule jeunesse et riches de leur seul bonheur.

La musique enlaçait et désunissait les couples, tantôt lente et enjôleuse, tantôt trépidante et endiablée. Quand la trompette éclatait, soutenue par la frénésie du tam-tam, les jeunes danseurs excités et infatigables, trépignaient, sautaient, cabriolaient, hurlaient leur joie ; Modou s'efforçait de suivre. Les lumières crues le livraient aux sarcasmes impitoyables de certains qui le taxaient de « loup dans la bergerie ». Qu'importait ! Il avait Binetou dans ses bras. Il était heureux.

Epuisée, Binetou regardait d'un œil désabusé évoluer ses camarades. L'image de sa vie qu'elle avait assassinée lui crevait le cœur.

Daba aussi fréquentait parfois les Night-Clubs malgré mes remontrances. Vêtue sans recherche, elle paraissait, suspendue au bras de son fiancé ; elle arrivait très tard, à dessein, pour s'installer, bien en vue de son père. C'était un face à face grotesque : d'un côté un couple disparate, de l'autre deux être assortis.

Et la soirée couvait une extrême tension qui opposait deux anciennes amies, un père à sa fille, un gendre à son beau-père.

16.

Je survivais. En plus de mes anciennes charges, j'assumais celles de Modou.

L'achat des denrées alimentaires de base me mobilisait toutes les fins de mois ; je me débrouillais pour n'être pas à court de tomates ou d'huile, de pommes de terre ou d'oignons aux périodes où ils se raréfiaient sur les marchés ; j'emmagasinais des sacs de riz « siam » dont les Sénégalaises raffolent. Mon cerveau s'exerçait à une nouvelle gymnastique financière.

Les dates extrêmes de paiement des factures d'électricité ou d'eau sollicitaient mon attention. J'étais souvent la seule femme dans une file d'attente.

Remplacer serrures et loquets des portes détraquées, remplacer les vitres cassées était ennuyeux autant que la recherche d'un plombier pour secourir les lavabos bouchés. Mon fils Mawdo Fall rouspétait pour le remplacement des ampoules brûlées.

Je survivais. Je me débarrassais de ma timidité pour affronter seule les salles de cinéma ; je m'asseyais à ma place, avec de moins en moins de gêne, au fil des mois. On dévisageait la femme mûre sans compagnon. Je feignais l'indifférence, alors que la colère martelait mes nerfs et que mes larmes retenues embuaient mes yeux. Je mesurais, aux regards étonnés, la minceur de la liberté accordée à la femme.

Les séances de matinée, au cinéma, me comblaient. Elles me donnaient le courage d'affronter la curiosité des uns et des autres. Elles ne m'éloignaient pas longtemps de mes enfants.

Le cinéma, quel dérivatif puissant à l'angoisse ! Films intellectuels, à thèse, films sentimentaux, films policiers, films drôles, films à suspense furent mes compagnons. Je puisais en eux des leçons de grandeur, de courage et de persévérance. Ils approfondissaient et élargissaient ma vision du monde, grâce à leur apport culturel. J'oubliais mes tourments en partageant ceux d'autrui. Le cinéma, distraction peu coûteuse, peut donc procurer une joie saine.

Je survivais. Plus je réfléchissais, plus je savais gré à Modou d'avoir coupé tout contact. J'avais la solution souhaitée par mes enfants — la rupture — sans en avoir pris l'initiative. Le mensonge n'était pas installé. Modou me rejetait de sa vie et le prouvait par son attitude sans équivoque.

Que font d'autres époux ? Ils pataugent dans l'indécision ; ils s'imposent une présence là où ne résident plus leurs sentiments et leurs intérêts. Rien ne les ébranle dans leur foyer : la femme parée, le fils plein d'élans tendres, le repas servi agréablement. Ils restent de marbre. Ils ne souhaitent que la valse rapide des heures. La nuit, prétextant fatigue ou maladie, ils ronflent profondément. Comme ils saluent avec empressement le jour libérateur qui met fin à leur calvaire !

Je n'étais donc pas trompée. Je n'intéressais plus Modou et le savais. J'étais abandonnée : une feuille qui voltige mais qu'aucune main n'ose ramasser, aurait dit ma grand'mère.

Je faisais face vaillamment. J'accomplissais mes tâches ;
elles meublaient le temps et canalisaient mes pensées.
Mais le soir, ma solitude émergeait, pesante. On ne
défait pas aisément les liens ténus qui ligaturent deux
êtres, le long d'un parcours jalonné d'épreuves. J'en faisais l'expérience, exhumant des scènes, des conversations.
Les habitudes communes ressurgissaient à leur heure. Me
manquaient atrocement nos causeries nocturnes ; me
manquaient nos éclats de rire délassants ou complices ;
me manquaient comme de l'opium nos mises au point
quotidiennes. Je me mesurais aux ombres. L'errance de
ma pensée chassait tout sommeil. Je contournais mon
mal sans vouloir le combattre.

La continuité des émissions radiophoniques me secou-
rait. J'assignais à la radio un rôle consolateur. Les mélodies nocturnes berçaient mon anxiété. J'entendais les
messages des chants anciens et nouveaux qui réveillaient
l'espoir. Ma tristesse s'éparpillait.

J'appelais ardemment, de toutes mes forces disponi-
bles, un « autre » qui remplacerait Modou.

Des réveils pénibles succédaient aux nuits. L'amour
maternel me soutenait. Pilier, je devais aide et affection.

Modou mesurait-il à son exorbitante proportion le vide
de sa place, dans cette maison ? Modou me donnait-il
des forces supérieures aux miennes pour épauler mes
enfants ?

Je prenais un ton enjoué pour réveiller mon bataillon.
Le café chauffait et embaumait l'atmosphère. Les bains
moussaient ; les rires et les taquineries fusaient. Une
nouvelle journée et des efforts accrus ! Une nouvelle
journée et attendre...

Attendre quoi ! Mes enfants accepteraient difficilement une autre présence masculine. Leur père condamné, pourraient-ils être tolérants pour un autre ? Quel homme d'ailleurs aurait le courage d'affronter douze paires d'yeux hostiles qui vous décortiquent sans ménagement ?

Attendre ! Mais attendre quoi ! Je n'étais pas divorcée... J'étais abandonnée : une feuille qui voltige mais qu'aucune main n'ose ramasser, aurait dit ma grand'mère.

Je survivais. Je connus la rareté des moyens de transport en commun. Mes enfants faisaient en riant ce dur apprentissage. J'entendis un jour Daba leur conseiller : « Surtout, ne dites pas à maman que l'on étouffe dans les cars, aux heures de pointe. »

Je pleurais de joie et de tristesse mêlées : joie d'être aimée de mes enfants, tristesse d'une mère qui n'avait pas les moyens de changer le cours des choses.

Je te contai alors sans arrière pensée, cet aspect pénible de notre vie, tandis que la voiture de Modou promenait Dame Belle-mère aux quatre coins de la ville et que Binetou sillonnait les routes avec une Alpha-Roméo tantôt blanche, tantôt rouge.

Je n'oublierai jamais ta réaction, toi, ma sœur. Je n'oublierai jamais la joie et la surprise qui furent miennes, lorsque, convoquée chez la concessionnaire de Fiat, on me dit de choisir une voiture que tu te chargeais de payer intégralement. Mes enfants poussèrent des cris joyeux en apprenant la fin proche de leur calvaire, qui reste le lot quotidien de bien d'autres élèves.

L'amitié a des grandeurs inconnues de l'amour. Elle se fortifie dans les difficultés, alors que les contraintes massacrent l'amour. Elle résiste au temps qui lasse et désunit les couples. Elle a des élévations inconnues de l'amour.

Tu m'apportais en aide tes privations, toi la Bijoutière.

Et j'appris à conduire, domptant ma peur. Cette place étroite entre le volant et le siège fut mienne. L'embrayage aplati fait glisser les vitesses. Le frein ralentit l'élan, et pour foncer, il faut appuyer sur l'accélérateur. Je me méfiais de l'accélérateur. A la moindre pression des pieds, la voiture s'élançait. Mes pieds apprirent à danser au-dessus des pédales. Je me disais aux moments de découragement : Pourquoi cette Binetou au volant et pas moi ? Je me disais : ne pas décevoir Aïssatou. Je gagnai cette bataille des nerfs et du sang-froid. Je décrochai mon permis de conduire et te mis au courant.

Je te disais : et maintenant... Mes enfants sur le siège arrière de la Fiat 125, couleur crême, grâce à toi, mes enfants peuvent toiser l'opulente belle-mère et la frêle enfant dans les rues de la ville.

Modou surpris, incrédule, enquêtait sur la provenance de la voiture. Il n'accepta jamais sa véritable histoire. Il croyait, lui aussi, comme la mère de Mawdo, qu'une bijoutière n'a pas de cœur.

17.

Je souffle. *[PANT/BLOW]*

J'ai raconté d'un trait ton histoire et la mienne. J'ai dit l'essentiel, car la douleur, même ancienne, fait les mêmes lacérations dans l'individu, quand on l'évoque. Ta déception fut la mienne comme mon reniement fut le tien. Pardonne-moi encore si j'ai remué ta plaie. La mienne saigne toujours.

Tu me diras : la vie n'est pas lisse. *[SMOOTH]* On y bute sur des aspérités. Je sais aussi : nul mariage n'est lisse. Il reflète les différences de caractère et de potentiel sentimental. Dans tel couple, l'homme est victime d'une volage ou d'une femme emmurée dans ses préoccupations propres, qui refuse tout dialogue et brise tout élan de tendresse. Dans tel autre, l'alcoolisme est la lèpre qui ronge santé, avoir, paix. Il met en scène le dérèglement de l'individu qu'il détruit, dans des spectacles grotesques qui sapent la dignité ; dans des drames où les coups de poings sont des arguments solides et la lame menaçante d'un couteau, un appel infaillible au silence.

Ici, règne l'appât du gain facile : joueurs incorrigibles des tapis verts ou assis à l'ombre d'un arbre. Atmosphère surchauffée des salles pleines de senteurs démoniaques, visages crispés des joueurs tendus. La valse satanique des cartes engloutit temps, biens, conscience et ne s'arrête qu'avec le dernier souffle de celui qui a pris l'habitude de les battre.

J'essaie de cerner mes fautes dans l'échec de mon mariage. J'ai donné sans compter, donné plus que je n'ai reçu. Je suis de celles qui ne peuvent se réaliser et s'épanouir que dans le couple. Je n'ai jamais conçu le bonheur hors du couple, tout en te comprenant, tout en respectant le choix des femmes libres.

J'ai aimé ma maison. Tu peux témoigner que j'en ai fait un havre de paix où toute chose a sa place, crée une symphonie harmonieuse de couleurs. Tu connais ma sensibilité, l'immense amour que je vouais à Modou. Tu peux témoigner que, mobilisée nuit et jour à son service, je devançais ses moindres désirs.

J'ai composé avec sa famille. Malgré sa désertion de notre foyer, son père et sa mère, Tamsir son frère me fréquentaient toujours ainsi que ses sœurs. Mes enfants aussi grandissaient sans histoire. Leurs succès scolaires étaient ma fierté, autant de lauriers jetés aux pieds de mon seigneur.

Et Modou n'était pas prisonnier. Il usait de son temps comme il le voulait. Je comprenais fort bien son envie de défoulement. Il se réalisait au dehors comme il le souhaitait dans ses activités syndicales.

J'essaie de traquer les faiblesses de ma conduite. Ma vie sociale aurait pu être tumultueuse et porter ombrage à Modou dans son destin syndical. Un homme trompé et bafoué par sa famille peut-il en imposer à d'autres ? Un homme dont la femme fait mal son travail peut-il sans honte réclamer une juste rétribution du labeur ? L'agressivité et la condescendance d'une femme canalisent vers son époux le mépris et la haine que sa conduite engendre.

Avenante, elle peut rassembler sans aucune idéologie, des soutiens pour une action. Pour tout dire, la réussite de chaque homme est assise sur un support féminin.

Et je m'interroge. Et je m'interroge. Pourquoi ? Pourquoi Modou s'est-il détaché ? Pourquoi a-t-il introduit Binetou entre nous ?

Tu répondras, logique : les inclinations naissent de rien, parfois une grimace, un port de tête séduisent un cœur et le gardent.

Je m'interroge. Ma vérité est que malgré tout, je reste fidèle à l'amour de ma jeunesse. Aïssatou, je pleure Modou et n'y peux rien.

18.

J'ai célébré hier, comme il se doit, le quarantième jour de la mort de Modou. Je lui ai pardonné. Que Dieu exauce les prières que je formule quotidiennement pour lui. J'ai célébré le quarantième jour dans le recueillement. Des initiés ont lu le Coran. Leurs voix ferventes sont montées vers le ciel. Il faut que Dieu t'accueille parmi ses élus, Modou Fall !

Après les actes de piété, Tamsir est venu s'asseoir dans ma chambre dans le fauteuil bleu où tu te plaisais. En penchant sa tête au dehors, il a fait signe à Mawdo ; il a aussi fait signe à l'Imam de la Mosquée de son quartier. L'Imam et Mawdo l'ont rejoint. Tamsir parle cette fois. Ressemblance saisissante entre Modou et Tamsir, mêmes tics de l'inexplicable loi de l'hérédité. Tamsir parle, plein d'assurance ; il invoque (encore) mes années de mariage, puis conclut : « Après ta "sortie" (sous entendu : du deuil), je t'épouse. Tu me conviens comme femme et puis, tu continueras à habiter ici, comme si Modou n'était pas mort. En général, c'est le petit frère qui hérite de l'épouse laissée par son aîné. Ici, c'est le contraire. Tu es ma chance. Je t'épouse. Je te préfère à l'autre, trop légère, trop jeune. J'avais déconseillé ce mariage à Modou. »

Quelle déclaration d'amour pleine de fatuité dans une maison que le deuil n'a pas encore quittée. Quelle assurance et quel aplomb tranquilles ! Je regarde Tamsir droit dans les yeux. Je regarde Mawdo. Je regarde l'Imam. Je serre mon châle noir. J'égrène mon chapelet. Cette fois, je parlerai.

Ma voix connaît trente années de silence, trente années de brimades. Elle éclate, violente, tantôt sarcastique, tantôt méprisante.

— As-tu jamais eu de l'affection pour ton frère ? Tu veux déjà construire un foyer neuf sur un cadavre chaud. Alors que l'on prie pour Modou, tu penses à de futures noces.

« Ah ! oui : ton calcul, c'est devancer tout prétendant possible, devancer Mawdo, l'ami fidèle qui a plus d'atouts que toi et qui, également, selon la coutume, peut hériter de la femme. Tu oublies que j'ai un cœur, une raison, que je ne suis pas un objet que l'on se passe de main en main. Tu ignores ce que se marier signifie pour moi : c'est un acte de foi et d'amour, un don total de soi à l'être que l'on a choisi et qui vous a choisi. (J'insistais sur le mot choisi.)

« Et tes femmes, Tamsir ? Ton revenu ne couvre ni leurs besoins ni ceux de tes dizaines d'enfants. Pour te suppléer dans tes devoirs financiers, l'une de tes épouses fait des travaux de teinture, l'autre vend des fruits, la troisième inlassablement tourne la manivelle de sa machine à coudre. Toi, tu te prélasses en seigneur vénéré, obéi au doigt et à l'œil. Je ne serai jamais le complément de ta collection. Ma maison ne sera jamais pour toi l'oasis convoitée : pas de charges supplémentaires ; tous les jours, je serai de " tour " (1) ; tu seras ici dans la propreté et le luxe, dans l'abondance et le calme.

(1) Séjour réglementé du polygame dans la chambre de chaque épouse.

« Et puis, il y a Daba et son mari qui ont montré leur capacité financière en rachetant tous les biens de ton frère. Quelle promotion ! Tes amis loucheront vers toi avec envie. »

Mawdo me faisait signe de la main :

— Tais-toi ! Tais-toi ! Arrête ! Arrête !

Mais on n'arrête pas une furie en marche. Je conclus, plus violente que jamais :

— Tamsir, vomis tes rêves de conquérant. Ils ont duré quarante jours. Je ne serai jamais ta femme.

L'Imam prenait Dieu à témoin :

— Quelles paroles profanes et dans des habits de deuil !...

Sans un mot, Tamsir se leva. Il comprenait bien sa défaite.

Je prenais ainsi ma revanche sur un autre jour où tous les trois m'avaient annoncé, avec désinvolture, le mariage de Modou Fall et de Binetou.

19.

Aïssatou, même en habits de deuil, je n'ai guère de tranquillité.

Après Tamsir, Daouda Dieng... Tu te rappelles. Daouda Dieng, mon ancien prétendant. A sa maturité, j'avais préféré l'inexpérience, à ses largesses la pauvreté, à sa pondération la spontanéité, à sa stabilité l'aventure.

Il était venu à l'enterrement de Modou. L'enveloppe qu'il remit à Fatim contenait une forte somme. Et son regard insistant en disait long... bien sûr.

En ce qui le concerne, je crois vrai ce qu'il nous confiait en blaguant, quand le hasard nous le faisait rencontrer : on n'oublie jamais son premier amour.

Après Tamsir éliminé depuis ce jour mémorable où j'ai tué ses aspirations de conquérant ; après Tamsir donc, Daouda Dieng candidat à ma main ! Daouda Dieng avait été le préféré de ma mère. J'entends sa voix persuasive me conseiller : une femme doit épouser l'homme qui l'aime mais point celui qu'elle aime ; c'est le secret d'un bonheur durable.

Daouda Dieng s'était bien conservé par rapport à Mawdo et Modou. A l'orée de la vieillesse, il résistait aux assauts répétés du temps et des activités. Un ensemble gris en bazin brodé l'habillait avec élégance ; il était demeuré le même homme soigné, méticuleux, rasé de près. Sa réussite sociale le parait sans condescendance.

Député à l'Assemblée nationale, il était resté accessible avec des gestes précis qui appuyaient ses jugements. Ses cheveux un peu argentés lui conféraient du charme.

Depuis trois ans, il s'imposait dans la mêlée politique par le sérieux de son action et la netteté de son verbe. Sa voiture, avec la cocarde distinctive aux couleurs nationales, était garée sur le trottoir d'en face.

Comme je préférais son émoi à l'assurance arrogante de Tamsir ! Le frémissement de ses lèvres le trahissait. Son regard balayait mon visage. Je me cuirassais dans les banalités : « Et Aminata (son épouse) ? Et les enfants ? Et ton cabinet médical ? Et à l'Assemblée Nationale ? »

Mes questions fusaient sans interruption autant pour le mettre à l'aise que pour renouer un dialogue longtemps interrompu. Il répondait brièvement. Mais ma dernière interrogation lui inspira un haussement d'épaules pour souligner le « Elle se porte bien », lancé comme un défi.

J'enchaînai : « Elle doit bien se porter, cette Assemblée masculine ! »

Je donnais un ton taquin à mon propos, tout en roulant mes yeux. Eternel féminin, même dans le deuil, tu pointes, tu veux séduire, tu veux intéresser !

Daouda n'était pas dupe. Il savait bien que je voulais le dépouiller de son embarras et déchirer le rideau de silence et de gêne qui nous séparait, tissé par de longues années et mon refus de l'épouser jadis.

— Toujours frondeuse, Ramatoulaye ! Pourquoi cette affirmation ironique et cette qualification vexante, alors qu'il y a des femmes à l'Assemblée ?

— Quatre femmes, Daouda, quatre sur une centaine de députés. Quelle dérisoire proportion ! Même pas une **représentation régionale** !

Daouda rit, d'un rire franc, communicatif, qui me fouettait.

Nous mêlâmes nos rires bruyamment. Je retrouvais l'alignement éclatant des dents, surmontées de l'accent circonflexe d'une moustache noire, peignée et bien lisse. Ah ! ces dents sans espacement avaient gagné la confiance de ma mère. « Mais vous êtes des obus, vous les femmes. Vous démolissez. Vous massacrez. Imagine un lot important de femmes à l'Assemblée. Mais tout sauterait, tout flamberait. »

Et nous riions encore.

Je remarquai en plissant mon front : « Mais nous ne sommes pas des incendiaires, plutôt des stimulants ! » Et je plaidais : « Dans maints domaines et sans tiraillement, nous bénéficions de l'acquis non négligeable venu d'ailleurs, de concessions arrachées aux leçons de l'Histoire. Nous avons droit, autant que vous, à l'instruction qui peut être poussée jusqu'à la limite de nos possibilités intellectuelles. Nous avons droit au travail impartialement attribué et justement rémunéré. Le droit de vote est une arme sérieuse. Et voilà que l'on a promulgué le Code de la famille, qui restitue, à la plus humble des femmes, sa dignité combien de fois bafouée.

« Mais, Daouda, les restrictions demeurent ; mais Daouda, les vieilles croyances renaissent ; mais Daouda, l'égoïsme émerge, le scepticisme pointe quand il s'agit du domaine politique. Chasse gardée, avec rogne et grogne.

« Presque vingt ans d'indépendance ! A quand la première femme ministre associée aux décisions qui orientent le devenir de notre pays ? Et cependant le militantisme et la capacité des femmes, leur engagement désin-

téressé ne sont plus à démontrer. La femme a hissé plus
d'un homme au pouvoir. »

Daouda m'écoutait. Mais j'avais l'impression que bien
plus que mes idées, ma voix le captivait.

Et je poursuivis : « Quand la société éduquée arrivera-
t-elle à se déterminer non en fonction du sexe, mais des
critères de valeur ? »

Daouda Dieng savourait la tiédeur du songe intérieur
qu'il projetait sur moi. Moi, je m'emballais, telle un
cheval longtemps immobilisé qu'on libère et qui se grise
d'espace. Ah, la joie d'avoir en face de soi un interlocu-
teur, de surcroît un amoureux !

J'étais restée la même Ramatoulaye... un peu frondeuse.

J'entraînais Daouda Dieng dans ma fougue. Il était un
homme de droiture et se battait, chaque fois que la situation l'exigeait, pour plus de justice sociale. Le goût de la
parade et du luxe ne l'avait point poussé à la politique,
mais bien l'amour de son prochain, la fureur du redres-
seur de torts et d'injustices.

« A qui t'adresses-tu, Ramatoulaye ? Tu as les échos
de mes interventions à l'Assemblée Nationale où je suis
taxé de ″féministe″. Je ne suis pas d'ailleurs seul à
insister pour changer les règles du jeu et lui inoculer un
souffle nouveau. La femme ne doit plus être l'accessoire
qui orne. L'objet que l'on déplace, la compagne qu'on
flatte ou calme avec des promesses. La femme est la
racine première, fondamentale de la nation où se greffe
tout apport, d'où part aussi toute floraison. Il faut inci-
ter la femme à s'intéresser davantage au sort de son pays.
Même toi qui rouspètes, tu as préféré ton mari, ta classe,
les enfants à la chose publique. Si des hommes seuls

militent dans les partis, pourquoi songeraient-ils aux femmes ? La réaction est humaine de se donner une large portion quand on partage le gâteau.

« Ne sois pas égoïste dans ta réaction. Embrasse le sort de tous les citoyens de ton pays. Aucun n'est bien loti, même pas nous que l'on juge nantis, bien solides financièrement alors que toutes nos économies passent à l'entretien d'une clientèle électorale avide qui croit nous avoir promus. Ce n'est pas simple de développer un pays. Plus on est responsable, plus on le sent ; la misère vous serre le cœur et vous n'avez pas de prise sur elle. Il s'agit de toutes les misères matérielles et morales. Un mieux-être nécessite routes, maisons décentes, puits, dispensaires, médicaments, semences. Je suis de ceux qui ont prôné la rotation dans les régions de la célébration de la fête de l'indépendance. L'initiative est heureuse, qui permet des investissements et des transformations régionaux.

« Il faut de l'argent, une montagne d'argent, qu'il faut trouver chez les autres en acquérant leur confiance. Avec notre seule saison d'eau et notre unique plante de culture, le Sénégal n'irait pas bien loin, même si le courage l'anime. »

La nuit tombait du ciel rapidement, pressée de noircir êtres et choses ; elle traversait les persiennes du salon. L'invitation du Muezzin à la prière du « Timiss » était persuasive ; Ousmane se jucha sur ses orteils et poussa l'interrupteur. La lumière jaillit et nous inonda brutalement.

Daouda, qui n'ignorait pas les contraintes de ma situation, se leva. Il porta haut Ousmane vers la lampe et Ousmane gloussait en élevant les bras. Il le planta à terre. « A demain, dit-il. J'étais venu pour un autre sujet.

Tu m'as guidé vers la discussion politique. Toute discussion est enrichissante. A demain, répétait-il. »

Il sourit : nettes rangées de dents bien plantées. Il sourit, ouvrit la porte. J'entendais son pas décroître. Un instant, et le vrombissement de sa puissante voiture l'emportait vers son foyer.

Que racontera-t-il à Aminata, sa femme et sa cousine, pour justifier son retard ?...

Daouda Dieng était bien revenu le lendemain. Mais, hélas pour lui et heureusement pour moi, la visite de mes tantes maternelles l'avait empêché de s'exprimer librement. Il n'avait pas osé s'éterniser.

20.

Nous sommes vendredi. J'ai pris un bain purificateur. J'en ressens l'effet vivifiant qui, à travers mes pores dégagés, me soulage.

L'odeur du savon m'enveloppe. Des habits propres remplacent mon accoutrement chiffonné. Cette netteté de ma personne m'enchante. Point de mire de tant d'yeux, je pense que l'une des qualités essentielles de la femme est la propreté. La plus humble des chaumières plaît si l'ordre et la propreté y règnent ; le cadre le plus luxueux ne séduit pas si la poussière l'encrasse.

Les femmes qu'on appelle « femmes au foyer » ont du mérite. Le travail domestique qu'elles assument et qui n'est pas rétribué en monnaies sonnantes, est essentiel dans le foyer. Leur récompense reste la pile de linge odorant et bien repassé, le carrelage luisant où le pied glisse, la cuisine gaie où la sauce embaume. Leur action muette est ressentie dans les moindres détails qui ont leur utilité : là, c'est une fleur épanouie dans un vase, ailleurs un tableau aux coloris appropriés, accroché au bon endroit.

L'ordonnancement du foyer requiert de l'art. Nous en avons fait le dur apprentissage, jamais terminé. Même dresser des menus n'est pas simple, si l'on songe à la durée d'une année en nombre de jours et que chaque journée est coupée de trois repas. Gérer l'argent du budget familial nécessite souplesse, vigilance et prudence, dans la gymnastique financière qui vous propulse en bonds plus ou moins périlleux, du premier au dernier jour du mois.

Etre femme ! Vivre en femme ! Ah, Aïssatou !

Cette nuit, je suis agitée, ne t'en déplaise. La saveur de la vie, c'est l'amour. Le sel de la vie, c'est l'amour encore.

Daouda était revenu. Un ensemble de basin « rombal band » (1) avait remplacé l'ensemble gris de la première visite et celui chocolat de la deuxième.

Il attaqua dès le seuil, sur le même ton que moi, lors de notre première entrevue sans souffler : « Comment vas-tu ? Et les enfants, ton Assemblée ? Et Ousmane ? » A l'appel de son prénom, Ousmane paraît, bouche et joues maquillées du chocolat qu'il broie à longueur de journée.

Daouda saisit ce bout d'homme qui se débat en frétillant des jambes. Il le libéra avec une tape amicale sur les fesses et un livre d'images à la main, Ousmane, hurlant de joie, courut montrer son cadeau à la maisonnée. « Pas de visiteur ? Je mène le débat aujourd'hui... moi de l'Assemblée masculine. » Il riait, malicieux. « Ne crois pas que je critique par plaisir. L'amorce de démocratie qui change la situation du citoyen, et dont ton parti peut se glorifier, me séduit. Le socialisme, qui est le noyau de votre action, est l'expression de mes aspirations profondes, s'il est adapté à nos réalités, comme le dit votre secrétaire politique. La brèche qu'il a ouverte n'est pas négligeable et le Sénégal offre un visage nouveau de liberté retrouvée. J'apprécie tout cela, d'autant

(1) Couleur bleue spécifique à la teinturerie.

plus qu'au dessus et sous nous, à notre droite, des partis uniques sont imposés. Le parti unique ne traduit jamais l'expression unanime des citoyens. Si tous les individus étaient du même moule, ce serait l'épouvantable collectivisme. Les différences enfantent des chocs qui peuvent être bénéfiques au développement d'un pays si elles émanent de patriotes vrais qui n'ont d'ambition que le bonheur du citoyen.

— Trêve de politique, Ramatoulaye. Je refuse de te suivre encore comme l'autre jour. Je suis saturé de « démocratie », « liberté », « lutte » et que sais-je encore, tant d'expressions qui me noient quotidiennement. Trêve, trêve, Ramatoulaye. Ecoute-moi plutôt : Radio Cancan m'a informé de ton refus d'épouser Tamsir. Est-ce vrai ?

— Oui.

— Je viens à mon tour et pour la deuxième fois de ma vie, solliciter ta main... bien entendu à ta sortie du deuil. J'ai pour toi les mêmes sentiments qu'autrefois. L'éloignement, ton mariage, le mien n'ont pu saper mon amour pour toi. Mieux, l'éloignement l'a aiguisé ; le temps l'a consolidé ; mon mûrissement l'a dépouillé ; je t'aime avec puissance, mais avec raison. Tu es veuve avec de jeunes enfants. Je suis chef d'une famille. Chacun de nous a son poids de « vécu » qui peut l'aider dans la compréhension de l'autre. Je t'ouvre mes bras pour un nouveau bonheur, veux-tu ?

J'écarquillai les yeux, non d'étonnement — une femme peut infailliblement prévoir une déclaration de ce genre —, mais d'ivresse. Eh oui, Aïssatou, les mots usés qui ont servi, qu'on sert encore, avaient prise en moi. Leur douceur, dont j'étais sevrée depuis des années, me grisait : je n'ai pas honte de te l'avouer.

Raisonnable, le député conclut :

— Ne me réponds pas tout de suite. Réfléchis à ma proposition. Je reviendrai demain à la même heure.

Et comme gêné par ses propres révélations, Daouda s'en alla, après m'avoir souri.

Ma voisine griote Farmata entra en trombe, après lui, excitée. Elle était toujours à la recherche du futur avec ses cauris et les moindres concordances de ses prédictions avec la réalité l'exaltaient.

— J'ai rencontré l'homme fort et riche au « double pantalon » des cauris. Il m'a donné cinq mille francs.

Elle clignait ses yeux perçants et profonds qui essayaient toujours de sonder les mystères :

— J'avais fait pour toi l'aumône des deux colas blanche et rouge recommandée, m'avoua-t-elle. Nos sorts sont liés. Ton ombre me protège. On n'abat pas l'arbre dont l'ombre vous couve. On l'arrose. On le veille.

Sacrée Farmata, comme tu étais loin de ma pensée ! L'agitation où je me débattais et que tu pressentais n'était point signe de tourments amoureux.

21.

Demain ? Quel temps court de réflexion, pour l'engagement décisif d'une vie, surtout si cette vie a connu, dans un passé récent, les larmes amères de la déception ! Je revois l'œil intelligent de Daouda Dieng, la moue des lèvres volontaires qui contrastaient avec la douceur qui émanait de cet être profondément charitable, qui ne retenait d'autrui que ce qu'il recèle de meilleur. Je savais le pénétrer, comme un livre ouvert où chaque signe était symbole, mais un symbole aisément traduit.

Mon cœur ne piaffe plus de bonheur sous le tourbillon des mots dits. La sincérité des mots me touche, elle ne m'entraîne pas ; mon euphorie, née de la faim et de la soif de tendresse, s'évanouit au fur et à mesure que les heures valsent.

Je ne peux pas pavoiser. La fête préconisée ne me tente pas. Mon cœur n'aime pas Daouda Dieng. Ma raison apprécie l'homme. Mais le cœur et la raison sont souvent discordants.

Comme j'aurais voulu être mobilisée pour cet homme et pouvoir dire oui ! Non que pèse en moi le souvenir du disparu. Les morts n'ont que le poids qu'on leur concède ou le poids des bienfaits qu'ils ont répandus. Non que me gêne l'existence de mes jeunes enfants ; il aurait pu jouer pour eux le rôle du père qui les avait abandonnés. Trente ans après, le même refus de mon

être me conditionne seul. Je ne trouve pas de cause défi-
nissable. Nos fluides s'opposent. La réputation du sérieux
de Daouda Dieng n'est plus à faire.

Bon époux ? Oui. La rumeur publique, si malveillante
et si assoiffée de ragots en ce qui concerne les personna-
lités, n'a jamais parlé de frasques qui l'atteignent. Sa
femme et cousine, épousée cinq ans après mon mariage,
par devoir de citoyen, et non par amour (encore une
expression masculine pour expliquer une action naturelle) lui a donné des enfants. Femme et enfants, placés
par cet homme de devoir sur un piédestal de respectabilité, lui offraient un refuge enviable qui était son œuvre.

Jamais il n'acceptait une consécration sans son épouse.
Il l'associait à son action politique, à ses déplacements
nombreux, aux divers parrainages qui le sollicitaient et
élargissaient sa clientèle électorale.

Farmata, la griote aux cauris, avant de s'en aller,
m'avait lancé : « Ta mère avait raison. Daouda est merveilleux. Quel '' guer '' (1) donne cinq mille francs aujourd'hui ! Daouda n'a ni échangé sa femme, ni aban-
donné ses enfants ; s'il revient te trouver, toi vieille et
chargée de famille, c'est qu'il t'aime ; il peut te supporter
avec tes enfants. Réfléchis. Accepte. »

Tous les atouts ! Mais que sont ces atouts dans l'in-
contrôlable loi de l'attraction ! Pour éviter de le blesser,
sous mon toit, je lui dépêchai Farmata, la griote aux
cauris, porteuse d'un pli fermé avec les recommandations
suivantes : « Ne remets cette lettre qu'à lui, loin du
regard de sa femme et de ses enfants. »

Pour la première fois, j'avais recours à Farmata et j'en

(1) Noble.

étais gênée. Elle ? Elle jubilait, ayant rêvé à ce rôle depuis notre jeunesse. Mais j'agissais toujours seule ; elle n'était jamais intervenante dans mes problèmes, seulement informée, comme une « vulgaire connaissance », se plaignait-elle. Elle jubilait, ignorante du cruel message dont elle était chargée.

Le cabinet médical de Daouda n'était pas éloigné de la villa « Fallène ». Des cars rapides avaient un arrêt à quelques mètres de sa porte.

Ce cabinet médical, installé sur prêt bancaire consenti par l'Etat aux docteurs et pharmaciens qui en manifestent le désir, permettait à Douada Dieng de toujours exercer sa profession. Il avait compris qu'un médecin n'avait pas le droit de renier sa profession ; « la formation du médecin est lente, longue, laborieuse et ils ne pullulent pas, les médecins ; ils sont plus utiles dans leur profession que partout ailleurs ; s'ils peuvent allier leur métier à d'autres activités, tant mieux ; mais renoncer à soigner pour autre chose, quelle inconscience » ! Ainsi Daouda s'expliquait devant nos fréquentations communes, tels Mawdo Bâ et Samba Diack, ses collègues.

Farmata attendit donc patiemment son tour et une fois devant Daouda, dans la salle de visite, elle lui remit le pli cacheté. Daouda lut :

« *Daouda,*

Tu poursuis une femme qui est restée la même, Daouda, malgré les ravages intenses de la souffrance.

Toi qui m'as aimée, toi qui m'aimes encore — je n'en doute pas —, essaie de me comprendre.

Je n'ai pas l'élasticité de conscience nécessaire

*pour accepter d'être ton épouse alors que seule l'estime,
justifiée par tes nombreuses qualités, me tend vers toi.*

*Je ne peux t'offrir rien d'autre, alors que tu
mérites tout. L'estime ne peut justifier une vie conjugale
dont je connais tous les pièges pour avoir fait ma propre
expérience.*

*Et puis, l'existence de ta femme et de tes en-
fants complique encore la situation. Abandonnée hier, par
le fait d'une femme, je ne peux allègrement m'introduire
entre toi et ta famille.*

*Tu crois simple le problème polygamique. Ceux
qui s'y meuvent connaissent des contraintes, des menson-
ges, des injustices qui alourdissent leur conscience pour
la joie éphémère d'un changement. Je suis sûr que
l'amour est ton mobile, un amour qui exista bien avant
ton mariage et que le destin n'a pas comblé.*

*C'est avec une tristesse infinie et des larmes
aux yeux que je t'offre mon amitié. Accepte-la, cher
Daouda. C'est avec plaisir que je t'accueille dans ma
maison.*

A bientôt, n'est-ce pas ?

Ramatoulaye. »

Farmata qui avait souri en remettant son pli me ra-
conta que son sourire tordait son visage au fur et à
mesure que Daoula lisait. Son instinct et son observation
lui conseillaient un masque de tristesse car Daouda fron-
çait ses sourcils, plissait son front, mordillait ses lèvres,
poussait des soupirs.

Daouda reposa ma lettre. Calmement, il bourra une
enveloppe de liasses de bleus. Il griffonna sur un billet

la terrible formule qui nous sépara jadis et qu'il avait acquise au cours de ses études de Médecine :

« Tout ou rien. Adieu. »

Aïssatou, Daouda Dieng ne revint plus jamais.

« Bissimilaï ! (1) Bissimilaï ! Qu'as-tu osé écrire et m'en faire la messagère ! Tu as tué un homme. Sa figure déconfite me le criait. Tu as éconduit l'envoyé de Dieu pour te payer de tes souffrances. C'est Dieu qui te punira de n'avoir pas suivi le chemin de la paix. Tu as refusé la grandeur ! Tu vivras dans la boue. Je te souhaite un autre Modou qui te fasse verser des larmes de sang.

« Pour qui te prends-tu ? A cinquante ans ! tu as osé casser le " woleré " (2). Tu piétines ta chance : Daouda Dieng un homme riche, député, médecin, de ton âge, avec une femme seulement. Il t'offre sécurité, amour et tu refuses ! Bien des femmes, même de l'âge de Daba, souhaiteraient être à ta place.

« Tu te trouves des raisons. Tu parles d'amour au lieu de pain. Madame veut des sautillements dans le cœur. Pourquoi pas des fleurs comme au cinéma ?

« Bissimilaï ! Bissimilaï ! Toi, si fanée, qui veux choisir un mari comme une fille de dix-huit ans. La vie te garde une de ces surprises et alors, Ramatoulaye, tu te mordras les doigts. Je ne sais pas ce qu'a écrit Daouda. Mais il y a de l'argent dans l'enveloppe. C'est un vrai " Samba Linguère " (3) de la nuit des temps. Que Dieu

(1) Début de la première sourate, passé dans la conversation. Marque l'étonnement.

(2) Amitié ancienne.

(3) Homme d'honneur.

comble, comble, Daouda Dieng. Mon cœur est avec lui. »

Telle fut est la diatribe de Farmata, revenue de sa mission. Elle me bouleversait. La vérité de cette compagne d'enfance, par la fréquentation de nos familles ne pouvait être mienne, même dans sa logique intéressée... Je me refusais une fois de plus à la facilité pour mon idéal. Je rejoignais ma solitude qu'une éclaircie avait illuminée un instant. Je l'endossais à nouveau comme on endosse un vêtement familier. Sa coupe m'allait bien. Je m'y mouvais avec aisance, n'en déplaise à Farmata. Je souhaitais « autre chose » à vivre. Et cette « autre chose » ne pouvait être sans l'accord de mon cœur.

.:.

Tamsir et Daouda refoulés, plus de remparts entre les solliciteurs et moi. J'ai alors vu défiler et m'assiéger des vieillards qui cherchaient une source de revenus faciles, des jeunes gens en quête d'aventures pour meubler leur oisiveté. Mes refus successifs me faisaient en ville une réputation de « lionne » ou de « demeurée ».

Qui lâchait sur mes traces cette meute affamée ? Car mes charmes s'étaient évanouis avec les maternités, le temps, les larmes. Ah ! l'héritage, la rondelette part acquise par ma fille Daba et son mari et mise à ma disposition.

Ils avaient mené les débats pour la répartition des biens de Modou. Mon beau-fils mit sur la table l'avance de la villa SICAP, et le coût des cinq années de loyer.

La villa SICAP revenait à ma fille qui, constat d'huissier en main, énuméra son contenu et l'acheta.

L'histoire de la villa Fallène était facile à raconter : le terrain et la construction représentent un prêt bancaire consenti il y a dix ans sur nos salaires communs. Le contenu renouvelé il y a deux ans m'appartient et à l'appui de cette affirmation, je présentais des factures. Restaient les habits de Modou, ceux que je connaissais pour les avoir choisis et entretenus et les autres... de la deuxième tranche de sa vie. J'avais peine à l'imaginer dans ces accoutrements de jeunes loups... Ils furent distribués à sa famille.

Les bijoux et cadeaux faits à Dame Belle-mère et à sa fille leur revenaient de droit.

Dame Belle-mère hoquetait, pleurait. On la dépouillait et elle demandait grâce. Elle ne voulait pas déménager...

Mais Daba est comme tous les jeunes, sans pitié. « Souviens-toi, j'étais la meilleure amie de ta fille. Tu en as fait la rivale de ma mère. Souviens-toi. Pendant cinq ans, tu as privé une mère et ses douze enfants de leur soutien. Souviens-toi. Ma mère a tellement souffert. Comment une femme peut-elle saper le bonheur d'une autre femme ? Tu ne mérites aucune pitié. Déménage. Quant à Binetou, c'est une victime, ta victime. Je la plains. »

Dame Belle-mère sanglotait. Binetou ?... L'indifférence assise. Que lui importait ce qui se disait. Elle était déjà morte intérieurement... depuis ses épousailles avec Modou.

22.

Je ressens une immense fatigue. Elle vient de mon âme et alourdit mon corps.

Ousmane, mon dernier né, me tend ta lettre. Ousmane a six ans. « C'est tante Aïssatou. »

Il a le privilège de m'apporter toutes tes lettres. Comment les reconnaît-il ? A leur timbre ? A leur enveloppe ? A l'écriture soignée qui te reflète ? A l'odeur de lavande qui en émane ? Les enfants ont des points de repère qui ne ressemblent pas aux nôtres. Ousmane savoure sa trouvaille. Il triomphe.

Ces mots caressants qui me décrispent sont bien de toi. Et tu m'apprends la « fin ». Je calcule. Demain, c'est bien la fin de ma réclusion. Et tu seras là, à portée de ma main, de ma voix, de mon regard.

« Fin ou recommencement » ? Mes yeux décèleront tes moindres changements. J'ai déjà fait la somme des miens : la réclusion m'a tannée. Les soucis m'ont ridée ; ma graisse a fondu. Je tâte souvent des os là où se gonflait la chair.

L'important ne sera pas sur nos corps en présence. L'essentiel, c'est le contenu de nos cœurs qui nous anime ; l'essentiel est la qualité de la sève qui nous innonde. Tu m'as souvent prouvé la supériorité de l'amitié sur l'amour. Le temps, la distance autant que les souvenirs communs ont consolidé nos liens et font de nos enfants, des frères et des sœurs. Réunies, ferons-nous le décompte de nos floraisons fanées ou enfouirons-nous de nouvelles graines pour de nouvelles moissons ?

J'entends le pas de Daba. Elle revient du lycée Blaise Diagne où elle a répondu à ma place à une convocation. Conflit entre Mawdo Fall (1), mon fils, et son professeur de philosophie. Leurs heurts sont fréquents au moment de la remise des copies de dissertation corrigées.

Entre Daba et Mawdo Fall, l'écart d'âge est notable, dû à deux grossesses avortées, cela, tu le sais.

Ce heurt, que Daba va colmater est le troisième en six mois de cours. Mawdo Fall a des dons littéraires remarquables. Depuis la sixième, il a dominé sa classe en cette matière ; mais cette année, pour une majuscule oubliée, des virgules omises, un mot mal orthographié, son professeur lui enlève un ou deux points. De ce fait, Jean-Claude, un Blanc, son second de toujours, se hisse à la première place. Le professeur ne peut tolérer qu'un nègre soit le premier en philosophie. Et Mawdo Fall rouspète. S'ensuivent toujours un accrochage, une convocation.

Daba était prête à dire vertement son fait au professeur. Mais je l'ai tempérée. La vie est un éternel compromis. L'essentiel, je l'explique, est la dissertation de l'examen... Cette copie, elle aussi, sera à la merci de son correcteur. Personne n'aura de prise sur lui. Alors, pourquoi révolter un professeur pour un ou deux points qui ne changeront jamais le destin d'un élève ?

Je dis toujours à mes enfants : vous êtes des élèves entretenus par vos parents. Travaillez pour mériter leurs

(1) Homonyme de Mawdo Bâ.

sacrifices. Cultivez-vous au lieu de contester. Devenus adultes, pour que vos points de vue aient du crédit, il faut qu'ils émanent d'un savoir sanctionné par des diplômes. Le diplôme n'est pas un mythe. Il n'est pas tout certes. Mais, il couronne un savoir, un labeur. Demain, mettez au pouvoir qui vous voulez, qui vous convient. Ce sera votre choix qui dirigera ce pays et non le nôtre.

Notre société actuelle est ébranlée dans ses assises les plus profondes, tiraillée entre l'attrait des vices importés, et la résistance farouche des vertus anciennes.

Le rêve d'une ascension sociale fulgurante pousse les parents à donner plus de savoir que d'éducation à leurs enfants. La pollution s'insinue autant dans les cœurs que dans l'air.

Nous sommes ceux du passé, « déphasés ou dépassés », « croulants », peut-être. Mais, tous les quatre, nous étions pétris de rigueur, avec une conscience debout, et de vivaces interrogations pointées douloureusement en nous. Nos maris, Aïssatou, si malheureuse que fût l'issue de nos unions, nos maris avaient de la grandeur. Ils avaient mené le combat de leur vie, même si la réussite leur échappait ; on ne vient pas facilement à bout des pesanteurs millénaires.

Je regarde les jeunes. Où, les yeux lumineux, prompts à la riposte, quand l'honneur bafoué réclamait réparation ? Où, la fierté vigoureuse qui guidait vers le devoir toute une concession ? L'appétit de vivre tue la dignité de vivre.

Tu vois que je m'éloigne du problème de Mawdo Fall.

Le Proviseur du Lycée cerne bien le conflit Mawdo Fall-Professeur. Mais allez donner raison à un élève contre un professeur !

Daba est là, à mes côtés, légère, souriante de toutes ses dents pour la mission bien accomplie.

Daba, les travaux ménagers ne l'accablent pas. Son mari cuit le riz aussi bien qu'elle, son mari qui proclame, quand je lui dis qu'il « pourrit » sa femme : « Daba est ma femme. Elle n'est pas mon esclave, ni ma servante ».

Je sens mûrir la tendresse de ce jeune couple qui est l'image du couple telle que je la rêvais. Ils s'identifient l'un à l'autre, discutent de tout pour trouver un compromis.

Je tremble tout de même pour Daba. La vie a de ces surprises. Quand je lui en parle, elle hausse les épaules : « Le mariage n'est pas une chaîne. C'est une adhésion réciproque à un programme de vie. Et puis, si l'un des conjoints ne trouve plus son compte dans cette union, pourquoi devrait-il rester ? Ce peut être Abou (son mari), ce peut être moi. Pourquoi pas ? La femme peut prendre l'initiative de la rupture ».

Elle raisonnait sur tout, cette enfant... Elle me dit souvent : « Je ne veux pas faire de politique, non que le sort de mon pays et surtout le sort de la femme ne m'intéressent. Mais à regarder les tiraillements stériles au sein d'un même parti, à regarder l'appétit de pouvoir des hommes, je préfère m'abstenir.

« Non, je n'ai pas peur de la lutte sur le plan de l'idéologie ; mais dans un parti politique, il est rare que la femme ait la percée facile. Le pouvoir de décision restera encore longtemps aux mains des hommes, alors que la cité, chacun le sait, est l'affaire de la femme. Je préfère mon association où il n'y a ni rivalité, ni clivage, ni calomnie, ni bousculade : il n'existe pas de postes à partager ni de places à nantir. La direction varie chaque année. Chacune de nous a des chances égales de faire valoir ses idées. Nous sommes utilisées selon nos compétences dans nos manifestations et organisations qui vont dans le sens de la promotion de la femme. Nos recettes aident des œuvres humanitaires ; c'est un militantisme aussi utile qu'un autre qui nous mobilise, mais c'est un militantisme sain qui n'a de récompense que la satisfaction intérieure. »

Elle raisonnait cette enfant... Elle avait des points de vue sur tout.

Je la regarde, Daba mon aînée qui m'a admirablement secondée auprès de ses frères et sœurs. C'est Aïssatou, ton homonyme, qui a pris sa relève dans la marche de la maison.

Aïssatou fait la toilette des plus petits : Oumar, huit ans et Ousmane, ton ami. Les autres se débrouillent bien. Aïssatou est aidée dans sa tâche par Amy et sa jumelle Awa, qu'elle initie.

Mes jumelles sont si semblables que je les confonds parfois. Elles sont espiègles et jouent des tours à tout le monde. Awa travaille moins bien que Aminata. Si semblables physiquement, pourquoi ont-elles des caractères différents ?

De jeunes enfants ne posent pas de graves problèmes d'entretien et d'éducation ; lavés, nourris, soignés, surveillés, les miens poussent, avec bien sûr la bataille presque quotidienne contre plaies, rhumes, maux de tête où j'excelle, à force de combattre.

C'est Mawdo Bâ qui vient à mon secours pour les

vraies maladies. Si je stigmatise sa faiblesse qui a cassé vos liens, je le loue sincèrement pour l'aide qu'il m'apporte. Malgré la désertion de notre foyer par son ami Modou, à n'importe quelle heure, je peux le réveiller.

23.

Mes grands enfants me causent des soucis. Mes tourments s'estompent à l'évocation de ma grand'mère qui trouvait, dans la sagesse populaire, un dicton approprié à chaque événement. Elle aimait à répéter : « la mère de famille n'a pas du temps pour voyager. Mais elle a du temps pour mourir ». Elle se lamentait, quand, somnolente, elle devait malgré tout abattre sa part de besogne : « Ah ! que n'ai-je un lit pour me coucher ».

Espiègle, je lui désignais les trois lits de son logis. Elle s'irritait : « la vie est devant toi, pas derrière. Que Dieu fasse que tu éprouves ma situation ». Et me voilà aujourd'hui « éprouvant sa situation ».

Je croyais qu'un enfant naissait et grandissait sans problème. Je croyais qu'on traçait une voie droite et qu'il l'emprunterait allègrement. Or, je vérifiais, à mes dépens les prophéties de ma grand'mère :

« Naître des mêmes parents ne crée pas des ressemblances, forcément chez les enfants. Leurs caractères et leurs traits physiques peuvent différer. Ils diffèrent souvent d'ailleurs.

« Naître des mêmes parents, c'est comme passer la nuit dans une même chambre. »

Pour apaiser la peur de l'avenir que ses mots pouvaient susciter, ma grand'mère offrait des solutions :

« Des caractères différents requièrent des méthodes de

redressement différentes. De la rudesse ici, de la compréhension là. Les taloches qui réussissent aux tout petits, vexent les aînés. Les nerfs sont soumis quotidiennement à dure épreuve ! Mais, c'est le lot de la mère.

Brave grand'mère, je puisais, dans ton enseignement et ton exemple, le courage qui galvanise aux moments des choix difficiles.

L'autre nuit, j'avais surpris le trio (comme on les appelle familièrement) Arame, Yacine et Dieynaba, en train de fumer dans leur chambre. Tout, dans l'attitude, dénonçait l'habitude : la façon de coincer la cigarette entre les doigts, de l'élever gracieusement à la hauteur des lèvres, de la humer en connaisseuses. Les narines frémissaient et laissaient échapper la fumée. Et ces demoiselles aspiraient, expiraient tout en récitant les leçons, tout en rédigeant les devoirs. Elles savouraient leur plaisir goulûment, derrière la porte close, car j'essaie de respecter, le plus possible, leur intimité.

Dieynaba, Arame et Yacine me ressemblent, dit-on. Une amitié serviable les lie, soutenue par de multiples affinités ; elles forment un bloc, avec les mêmes réactions défensives ou méfiantes, face à mes autres enfants ; elles usent ensemble robes, pantalons, corsages, ayant presque la même taille. Je n'ai jamais eu à intervenir dans leurs conflits. Le trio a la réputation d'être studieux.

Mais de là à s'octroyer la licence de fumer ! Ma colère les foudroya. J'étais offusquée par la surprise. Une bouche de femme exhalant l'odeur âcre du tabac, au lieu d'embaumer ! Des dents de femmes noircies de nicotine, au lieu d'éclater de blancheur ! Pourtant, leurs dents étaient blanches. Comment s'y prenaient-elles pour réaliser cette performance ?

Je jugeais affreux le port du pantalon quand on n'a pas, dans la constitution, le relief peu excessif des Occidentales. Le pantalon fait saillir les formes plantureuses de la négresse, que souligne davantage une cambrure profonde des reins. Mais j'avais cédé à la ruée de cette mode qui ceignait et gênait au lieu de libérer. Puisque mes filles voulaient « être dans le vent », j'avais accepté l'entrée du pantalon dans les garde-robes.

J'eus tout d'un coup peur des affluents du progrès. Ne buvaient-elles pas aussi ? Qui sait, un vice pouvant en introduire un autre ? Le modernisme ne peut donc être, sans s'accompagner de la dégradation des mœurs ?

Etais-je responsable d'avoir donné un peu de liberté à mes filles ? Mon grand-père refusait l'accès de notre maison aux jeunes gens. A dix heures du soir, une clochette à la main, il avertissait les visiteurs de la fermeture de la porte d'entrée. Il scandait les tintements de la clochette, du même ordre : « Que celui qui n'habite pas ici déguerpisse ! »

Moi, je laissais mes filles sortir de temps en temps. Elles allaient au cinéma, sans ma compagnie ; elles recevaient copines et copains. Des arguments justifiaient mon comportement : à un certain âge, irrémédiablement, le garçon ou la fille s'ouvre au sentiment de l'amour. Je souhaitais que mes filles en fassent sainement la découverte, sans sentiment de culpabilité, sans cachotterie, sans avilissement. J'essayais de pénétrer leurs relations ; je créais un climat propice au bon maintien et à la confidence.

Et voilà que de leurs fréquentations, elles ont acquis l'habitude de fumer. Et je ne savais rien, moi qui voulais tout régenter. La sagesse de ma grand'mère me revenait encore à l'esprit : « On a beau nourrir un ventre, il se garnit quand même à votre insu. »

Il me fallait réfléchir. Une réorganisation s'imposait pour enrayer le mal. A génération nouvelle, nouvelle méthode, aurait sans doute suggéré ma grand'mère.

J'acceptais d'être « vieux-jeu ». La nocivité du tabac m'était connue et je ne pouvais souscrire à sa consommation. Ma conscience la rejetait, comme elle rejetait l'alcool.

Je pourchassais, dès lors, son odeur, sans répit. Elle jouait à cache-cache avec ma vigilance. Sournoise, ironique, elle taquinait mes narines, puis s'enfuyait. Son refuge préféré restait les toilettes, surtout la nuit. Mais elle n'osa plus s'étaler, alerte et impudique.

24.

Aujourd'hui, je n'ai pu terminer la prière du crépuscule à ma guise : des hurlements venus de la rue,
m'ont fait bondir de la natte où j'étais assise.

Debout sur la véranda, je vois arriver mes fils Alioune
et Malick en pleurs. Ils sont dans un état piteux : habits
déchirés, corps empoussiérés par la chute, genoux san-
guinolents sous la culotte ; une échancrure fend largement la manche droite du tricot de Malick ; du même
côté, le bras pend lamentablement. L'un des gosses qui
les soutiennent, m'explique : « Un clymoteur et son
conducteur ont renversé Malick et Alioune. Nous jouions
au football. »

Un jeune homme s'avance, cheveux longs, lunettes
blanches, gris-gris au cou. La poussière grise de la rue
maquille son ensemble « jean ». Malmené par les gosses
dont il est la cible, une plaie rouge à la jambe, le voici
visiblement gêné par tant d'hostilité. Avec un accent et
des gestes polis qui contrastent avec sa mise débraillée,
il s'excuse : « J'ai vu trop tard les enfants, en tournant
à gauche. Je croyais accéder à une voie libre dans cette
rue à sens unique. »

« Je n'imaginais pas que les enfants y avaient installé
un terrain de jeux. J'ai freiné, inutilement. J'ai buté sur
des pierres qui délimitaient la place du goal. J'ai entraîné

dans ma chute vos deux fils ainsi que trois autres garçonnets. Je m'excuse. »

Le jeune homme au cyclomoteur me surprend agréablement. Je me défoule, mais pas sur lui. Je connais la difficulté de conduire dans les rues de la ville, surtout dans la Médina, pour l'avoir affrontée. La chaussée, pour les enfants, est un terrain de prédilection. Quand ils en prennent possession, plus rien ne compte. Ils s'y démènent comme des diables autour du ballon. Des fois, l'objet de leur ardeur est un chiffon épais, ficelé, arrondi. Qu'importe ! Le conducteur n'a pour refuge que son frein, son klaxon, son sang-froid, on lui ouvre une haie désordonnée, vite refermée dans la bousculade. Derrière lui, les cris reprennent, plus exaltés.

« Jeune homme, tu n'es pas responsable. Mes fils sont fautifs. Ils ont déjoué ma vigilance, alors que je priais. Va, jeune homme ou plutôt, attends que je te fasse apporter de l'alcool et du coton pour ta plaie. »

Aïssatou, ton homonyme, apporte alcool iodé et coton. Elle soigne l'inconnu, puis Alioune. Les gosses du quartier n'approuvent pas ma réaction. Ils souhaiteraient pour le « fauteur » une punition, je les rabroue. Ah, les enfants ! Ils provoquent un accident et de surcroît veulent sanctionner.

Le bras pendant de Malick m'a l'air cassé. Il descend anormalement. « Aïssatou, vite, vite. Porte-le à l'hôpital. Si tu n'y trouves pas Mawdo, tu demanderas le service des urgences. Va, va, ma fille. » Aïssatou s'habille rapidement et rapidement aide Malick à se nettoyer et à se changer.

Le sang des blessures coagulé dessine sur le sol des

taches sombres et répugnantes. Tout en les brossant, je pense à l'identité des hommes : même sang rouge irriguant les mêmes organes. Ces organes, situés aux mêmes endroits, remplissent les mêmes fonctions. Les mêmes remèdes soignent les mêmes maux sous tous les cieux, que l'individu soit noir ou blanc : Tout unit les hommes. Alors, pourquoi s'entretuent-ils dans des batailles ignobles pour des causes futiles en regard des massacres de vies humaines ? Que de guerres dévastatrices ! Et pourtant, l'homme se prend pour une créature supérieure. A quoi lui sert son intelligence ? Son intelligence enfante aussi bien le beau que le mal, plus souvent le mal que le bien.

Je reprends ma place sur la natte ornée d'une mosquée verte, réservée à mon seul usage, comme la bouilloire de mes ablutions. Alioune, toujours reniflant, bouscule Ousmane pour s'emparer de sa place, à mes côtés, à la recherche d'une consolation que je lui refuse. Au contraire, je profite de l'occasion pour le sermonner :

— La rue n'est pas un terrain de jeux. Tu t'en es bien tiré aujourd'hui. Mais demain ! Attention... Tu auras une fracture quelque part comme ton frère.

Alioune rouspète :

— Mais, il n'y a pas de terrain de jeux dans le quartier. Les mères ne veulent pas que l'on joue au football dans les cours. Que faut-il faire alors ?

Sa remarque est pertinente. Il faut que les responsables de l'Urbanisme prévoient des terrains de jeux, comme ils ménagent des espaces verts.

Des heures plus tard, Aïssatou et Malick reviennent de l'hôpital où Mawdo s'est, une fois de plus, bien

occupé d'eux. Le bras platré de Malick m'indique que
le bras pendant était bien cassé. Ah, que les gosses font
payer cher la joie de les avoir mis au monde.

Décidement mon amie, c'est la cascade des événements
malheureux. Je suis ainsi faite : quand le malheur me
tient, il ne me lâche plus.

Aïssatou, ton homonyme est enceinte de trois mois.
Farmata, la griote aux cauris, m'a habilement manœu-
vrée vers cette découverte désastreuse. La rumeur publique l'avait sans doute aiguillonnée ou son sens déve-
loppé de l'observation l'avait simplement servie.

Chaque fois qu'elle lançait ses cauris pour couper nos
discussions (nos points de vue divergeaient sur tout),
elle poussait des « han » de mécontentement. Avec force
soupirs, elle signalait dans la masse désordonnée des
cauris : une jeune fille enceinte.

J'avais bien remarqué l'amaigrissement soudain de
ton homonyme, son manque d'appêtit, le gonflement de
ses seins : autant de signes révélateurs de la gestation
qu'elle couvait.

Mais la puberté, elle aussi transforme les adolescents ;
elle les gonfle ou les amaigrit, les allonge. Et puis, Aïssatou, peu après la mort de son père, avait eu une crise
violente de paludisme enrayée par Mawdo Bâ. La disparition de ses rondeurs datait de cette époque.

Aïssatou refusait de regrossir pour conserver une
taille fine. Je mettais naturellement sur le compte de
cette nouvelle manie, son peu d'alimentation et son
dégoût de certains mets. Mince, elle flottait dans ses
pantalons et ne portait plus, à ma grande joie, que des
robes.

Le petit Oumar me signala bien un jour qu'Aïssatou vomissait dans leur salle de bains, chaque matin, au moment de le laver. Mais Aïssatou, interrogée, nia, parla de rejet d'eau mêlée à la pâte dentifrice. Oumar ne parla plus de vomissements. Ma préoccupation changea de centre d'intérêt.

Comment pouvais-je imaginer la vérité qui tout à coup éclatait ? Comment pouvais-je deviner que ma fille, qui calma ma colère lors de l'affaire des cigarettes, s'adonnait, elle, à un jeu plus grave ? Le destin impitoyable me surprenait encore. Comme toujours, sans armes défensives.

Farmata insistait chaque jour un peu plus sur « la jeune fille enceinte » de ses cauris. Elle me la montrait. Elle souffrait de son état. Son attitude était éloquente : « Regarde ! Mais regarde donc. Ce cauri isolé, creux en l'air. Regarde cet autre cauri qui s'y adapte, face blanche en haut : comme une marmite et son couvercle. L'enfant est dans le ventre . Il fait corps avec sa mère. Le groupe des deux cauris est isolé : il s'agit d'une femme sans attache donc une jeune femme sans mari. Mais comme les cauris sont menus, c'est bien d'une jeune fille qu'il s'agit. »

Et sa main lançait et relançait les cauris bavards. Ils se fuyaient, s'entrechoquaient, se chevauchaient. Leur tintement annonciateur emplissait le van et le même groupe de deux cauris, toujours s'isolait, pour révéler une détresse. Je suivais sans passion leur langage.

Et un soir, excédée par ma naïveté, Farmata osa : « Questionne tes filles, Ramatoulaye. Questionne-les. Une mère de famille doit être pessimiste. »

Troublée par la ténacité des répétitions, inquiète, j'acceptai la proposition. De peur de me voir changer d'avis, Farmata s'engouffra avec sa démarche de gazelle aux attaches fines dans la chambre de Aïssatou. Elle en ressortit, une lueur de triomphe dans l'œil. Aïssatou en pleurs, la suivait. Farmata chassa Ousmane blotti dans mon boubou, verrouilla la porte et déclara : « Les cauris ne peuvent se tromper tous les jours. S'ils ont tant insisté, c'est qu'il y a quelque chose. L'eau et le sable sont mêlés ; ils forment de la boue. Ramasse ta boue. Aïssatou ne nie pas son état. Je l'ai sauvée en te révélant ce qui est. Toi, tu ne devinais rien. Elle n'osait pas se confier. Vous n'alliez jamais sortir de cette situation. »

L'émotion obstruait ma gorge. Moi, si prompte aux remontrances, je me taisais. Abasourdie, je suffoquais de chaleur. Mes yeux se fermèrent, puis s'ouvrirent à nouveau. Je mâchonnais ma langue.

La première question qui vient à l'esprit à la découverte d'un pareil état est : Qui ? qui est l'auteur de ce vol, car vol il y a ; qui est l'auteur de ce préjudice, car préjudice il y a ! Qui a osé ? Qui... ? Qui... ? Aïssatou nomma un certain Ibrahima Sall qui deviendra, bien vite, dans son langage, Iba tout court.

Je regardais avec ahurissement ma fille si bien élevée, si tendre avec moi, si serviable dans la maison, si efficace en tout. Tant de qualités pouvaient s'allier à pareil comportement !

Iba est étudiant à l'Université, étudiant en Droit. Ils s'étaient connu... à la fête anniversaire d'une copine. Iba venait la chercher parfois au lycée, quand elle ne « descendait » pas à midi. Il l'avait invitée à deux repri-

ses dans sa chambre, à la Cité Universitaire. Elle avoua
être bien avec lui ! Non, Iba n'avait rien sollicité, ni
exigé. Tout était venu naturellement entre eux. Iba connaissait son état. Il avait refusé les services d'un copain
qui voulait « l'aider ». Il tenait à elle. Boursier, il était
décidé à se priver pour l'entretien de son enfant.

J'apprenais tout, d'un seul trait, avec une voix pleine
de hoquets entrecoupés de reniflements, mais sans aucun
regret ! Aïssatou baissait la tête. Je la reconnaissais à
son récit sans fard. Je la reconnaissais au don entier
d'elle-même à cet amoureux qui avait réussi à faire cohabiter dans ce cœur, mon image et la sienne. Aïssatou
baissait les yeux, consciente du mal qui m'accablait, moi,
qui me taisais. Ma main supportait ma tête lasse. Aïssatou baissait les yeux. Elle entendait le craquement de
mes entrailles. La gravité de son acte ne lui échappait
pas dans ma situation de veuve récente qui succède à
mon état d'abandonnée. Dans les batailles de filles, à
part Daba, elle était l'aînée. L'aînée devait être exem-
plaire... Mes dents claquaient de colère...

Me souvenant, comme d'une bouée de sauvetage, de
l'attitude tendre et consolatrice de ma fille, pendant ma
détresse, mes longues années de solitude, je dominais
mon bouleversement. Je recourais à Dieu, comme à chaque drame de ma vie. Qui décide de la mort et de la
naissance ? Dieu ! Tout Puissant !

Et puis, on est mère pour comprendre l'inexplicable.
On est mère pour illuminer les ténèbres. On est mère
pour couver, quand les éclairs zèbrent la nuit, quand le
tonnerre viole la terre, quand la boue enlise. On est
mère pour aimer, sans commencement ni fin.

Faire de mon être un rempart défensif entre tous les obstacles et ma fille. Je mesurais à cet instant de confrontation, tout ce qui me rattachait à mon enfant. Le cordon ombilical se ranimait, ligature indestructible sous l'avalanche des assauts et la durée du temps. Je la revis, nouvellement jaillie de mes flancs, gigotant dans ses langes roses, son menu visage fripé sous les cheveux soyeux. Je ne pouvais pas l'abandonner, comme le dictait l'orgueil. Sa vie et son avenir constituaient un enjeu puissant qui démolissait les tabous et imposait à mon cœur et à ma raison sa supériorité sur tout. La vie qui frémissait en elle m'interrogeait. Elle grouillait pour s'épanouir. Elle vibrait pour demander protection.

C'est moi qui n'avais pas été à la hauteur. Repue d'optimisme, je ne devinais rien du drame de sa conscience, du bouillonnement de son être, de la tourmente de sa pensée, du miracle qu'elle portait.

On est mère pour affronter le déluge. Face à la honte de mon enfant, à son repentir sincère, face à son mal, à son angoisse, devrais-je menacer ?

Je pris dans mes bras ma fille. Je la serrais douloureusement dans mes bras, avec une force décuplée, faite de révolte païenne et de tendresse primitive. Elle pleurait. Elle hoquetait.

Comment avait-elle pu, seule, cohabiter avec son secret ? Me traumatisaient l'effort et la maîtrise déployés par cette enfant, pour se soustraire à ma colère, quand le vertige la saisissait ou quand elle me remplaçait auprès de ma turbulente marmaille. J'avais mal. Je geignais. J'avais profondément mal.

Un effort surhumain me redressa. Courage ! Les ombres s'estompaient. Courage ! Les lueurs s'unissaient en clarté apaisante. Ma décision d'aider et de protéger émergeait du tumulte. Elle se fortifiait au fur et à mesure que j'essuyais les larmes, au fur et à mesure que je caressais le front brûlant.

Dès demain, la petite Aïssatou sera consultée.

Farmata était étonnée. Elle s'attendait à des lamentations : je souriais. Elle voulait des remontrances véhémentes : je consolais. Elle souhaitait des menaces : je pardonnais.

Décidément, elle ne saura jamais à quoi s'en tenir avec moi. Combler d'attention une pécheresse la dépassait. Elle rêvait pour Aïssatou de somptueuses fêtes de mariage qui la dédommageraient de mes pauvres épousailles, alors qu'elle était une jeune fille, déjà attachée à mes pas comme une ombre. Elle avait coutume de te glorifier, toi, Aïssatou, qui lui donnerais beaucoup d'argent au futur mariage de ton homonyme. L'histoire de la Fiat aiguisait son appétit et t'attribuait une fabuleuse fortune. Elle rêvait de festivités et voilà que cette fille est allée se donner à un jeune étudiant désargenté, qui ne lui sera jamais reconnaissant. Elle me reprochait mon calme.

— Tu n'as que des filles. Adopte une attitude qui peut continuer. Tu verras. Si c'est Aïssatou qui a fait « ça », ton trio de fumeurs, je me demande ce qu'il fera. Couvre ta fille de caresses, Ramatoulaye. Tu verras.

Je verrai bien en convoquant Ibrahima Sall pour le lendemain...

26.

Ibrahima Sall s'introduisit dans ma chambre à l'heure convenue. Son exactitude me plut.

Grand, simplement habillé. Des traits charmants dans l'ensemble. Mais des yeux remarquablement beaux, veloutés, tendres dans l'écrin des longs cils. On les souhaiterait dans un visage de femme..., le sourire aussi. Mon regard s'attarda sur la dentition. Pas de séparation traitresse. Ibrahima Sall incarnait bien, avec une note désinvolte, le jeune premier séducteur. Il me plut et je constatai avec soulagement sa propreté : cheveux courts peignés, ongles coupés, chaussures cirées. Il devait être un homme d'ordre, donc sans fourberie.

Je l'avais convoqué et c'est lui qui prit la direction de notre entretien.

— Cet entretien, combien de fois j'ai voulu le provoquer pour vous avertir. Je sais ce qu'une enfant représente pour sa mère et Aïssatou m'a tellement parlé de vous, de vos liens, que je crois vous connaître. Je ne suis pas un chercheur d'aventures. Votre fille est mon premier amour. Je souhaite qu'elle soit l'unique. Je regrette ce qui est arrivé. J'épouserai Aïssatou si vous êtes d'accord. Ma mère s'occupera de son enfant. Nous continuerons nos études.

Et voilà condensé et bien dit tout ce que je souhaitais entendre. Quoi répondre ? Donner facilement mon adhésion à ses propositions ? Farmata présente à l'entretien veillait au grain.

Elle le provoqua :

— C'est bien toi, le premier.

— Oui, affirma Iba Sall.

— Alors, avertis ta mère. Nous irons ou j'irai la voir demain pour lui annoncer ton forfait. Qu'elle économise beaucoup d'argent pour dédommager ma nièce. Et puis, tu ne pouvais pas attendre d'avoir une situation pour courir les filles ?

Ibrahima Sall acceptait les observations de la griote sans énervement. Peut-être, la connaissait-il de nom et de caractère, pour lui opposer un silence si poli.

Mes préoccupations étaient d'un ordre autre que celles de Farmata. Nous étions en pleine année scolaire. Comment manœuvrer pour éviter le renvoi de ma fille !

Je fis part de mes craintes à Iba Sall. Lui aussi y avait pensé. L'enfant naîtrait en pleines vacances. L'essentiel serait de ne point s'affoler, de laisser les mois filer, d'habiller dans des robes vagues Aïssatou. A l'ouverture prochaine, le bébé aurait deux mois. Aïssatou rejoindrait sa terminale. Après sa terminale, le mariage.

L'ami de ma fille raisonnait et me faisait penser à la clarté d'esprit de Daba.

Lui, Ibrahima Sall, n'encourait aucun risque de renvoi, à l'Université. Et même, s'il n'était que Lycéen, qui signalerait à son établissement sa situation de futur père ? Rien dans sa présentation ne changerait. Il demeurait « plat »... alors que le ventre de ma fille, rebondi, serait accusateur.

Quelle loi clémente viendra secourir les lycéennes

fautives, dont les grandes vacances ne camouflent pas l'état ?

Je n'ajoutais rien à tant d'organisation. A ce moment, je sentis ma fille se détacher de mon être, comme si je la mettais au monde à nouveau. Elle n'était plus sous ma protection. Elle appartenait davantage à son ami. Une nouvelle famille naissait à mes yeux.

J'acceptais mon rôle subalterne. Il faut bien que le fruit mûr tombe de l'arbre.

Que Dieu facilite à cette enfant la nouvelle direction de sa vie.

— Mais, quel chemin, tout de même !

27.

Aïssatou, les habitudes rassurantes reprennent leur suprématie. Sous mes pagnes noirs, le battement monotone de mon cœur. Comme j'aime écouter ce rythme lent ! Un nouvel élément essaie de se greffer à la maisonnée.

Ibrahima Sall passe chaque jour et donne à chacun de nous ce qu'il peut. A Mawdo Fall, il apporte sa logique et sa clarté dans les discussions de ses sujets de dissertation. A Oumar et Ousmane, il fournit régulièrement du chocolat. Il ne dédaigne pas de se mêler aux jeux de Malick et Alioune qui ont renoncé à la rue pour ma cour.

Le bras de Malick est toujours dans le plâtre. Pourvu que sa jambe, qui ne ménage pas le ballon, ne se casse à son tour !

Mais le trio (Arame, Yacine et Dieynaba) refuse sa caution à cette « intrusion ». Le trio le salue avec correction, mais sans enthousiasme. Le trio est hostile à ses invitations. Il lui en veut d'avoir pu...

Ibrahima Sall talonne Aïssatou pour ses leçons et devoirs. Il a à cœur la réussite de son amie. Il ne veut pas être la cause d'une quelconque régression. Les notes de Aïssatou montent : à quelque chose malheur est bon !

Farmata accepte mal Ibrahima Sall qu'elle qualifie de « sans-gêne » et « sans vergogne ». Elle ne râte jamais l'occasion de lui lancer : « A-t-on jamais vu un étranger détacher une chèvre de la maison ? »

Ibrahima Sall, imperturbable, essaie de s'adapter. Il recherche ma compagnie, discute actualités avec moi, m'apporte parfois des journaux et des fruits. Ses parents, prévenus depuis par la vigilante Farmata, passent aussi nous voir et s'inquiètent de la santé de Aïssatou. Et les habitudes rassurantes reprennent leur suprématie...

Je t'envie de n'avoir mis au monde que des garçons ! Tu ignores les transes qui me saisissent avec les problèmes de mes filles.

Je me décide enfin à aborder les problèmes d'éducation sexuelle. Aïssatou, ton homonyme, m'a surprise. Je prends dès lors mes précautions. Je m'adresse au trio, les jumelles étant trop jeunes encore.

Comme j'avais hésité dans le temps ! Je ne voulais pas armer mes filles en leur offrant l'immunité du plaisir. Le monde est à l'envers. Les mères de jadis enseignaient la chasteté. Leur voix autorisée stigmatisait toute « errance » extra-conjugale.

Les mères modernes favorisent les « jeux interdits ». Elles aident à la limitation de leurs dégâts, mieux, à leur prévention. Elles ôtent toutes épines, tous cailloux qui gênent la marche de leurs enfants à la conquête de toutes les libertés ! Je me plie douloureusement à cette exigence.

J'insiste pour que mes filles prennent conscience tout de même de la valeur de leur corps. J'insiste sur la signification sublime de l'acte sexuel, une expression de l'amour. L'existence de moyens contraceptifs ne doit pas mener à un déchaînement de désirs et d'instincts. C'est à son contrôle, à son raisonnement, à son choix, à sa puissance d'attachement que l'individu se distingue de la bête.

Chaque femme fait de sa vie ce qu'elle souhaite. Une vie de femme dissolue est incompatible avec la Morale. Que tire-t-on des plaisirs ? Un vieillissement précoce et l'avilissement, pas de doute, je soulignais encore.

Mes mots tombaient difficilement devant mes auditrices. De l'assistance, j'étais la plus vulnérable. Car aucune surprise n'était peinte sur les visages du trio. Mes phrases hachées n'avaient suscité aucun intérêt particulier. J'avais l'impression d'enfoncer une porte ouverte.

Le trio savait déjà, peut-être... Un long silence... Et le trio disparut...

Je poussai un « ouf » de soulagement. J'avais l'impression de déboucher à la lumière après un long parcours dans un tunnel étroit.

28.

A demain, mon amie.

Nous aurons donc du temps à nous, Aïssatou, d'autant plus que j'ai obtenu la prolongation de mon congé de veuvage.

Je réfléchis. Cette tournure de mon esprit ne te surprend guère... Je ne pourrai m'empêcher de me livrer à toi. Autant me résumer ici.

Les irréversibles courants de libération de la femme qui fouettent le monde, ne me laissent pas indifférente. Cet ébranlement qui viole tous les domaines, révèle et illustre nos capacités.

Mon cœur est en fête chaque fois qu'une femme émerge de l'ombre. Je sais mouvant le terrain des acquis, difficile la survie des conquêtes : les contraintes sociales bousculent toujours et l'égoïsme mâle résiste.

Instruments des uns, appâts pour d'autres, respectées ou méprisées, souvent muselées, toutes les femmes ont presque le même destin que des religions ou des législations abusives ont cimenté.

Mes réflexions me déterminent sur les problèmes de la vie. J'analyse les décisions qui orientent notre devenir. J'élargis mon opinion en pénétrant l'actualité mondiale.

Je reste persuadée de l'inévitable et nécessaire complémentarité de l'homme et de la femme.

L'amour, si imparfait soit-il dans son contenu et son

expression, demeure le joint naturel entre ces deux êtres.

S'aimer ! Si chaque partenaire pouvait tendre sincèrement vers l'autre ! S'il essayait de se fondre dans l'autre ! S'il assumait ses réussites et ses échecs ! S'il exhaussait ses qualités au lieu de dénombrer ses défauts ! S'il réprimait les mauvais penchants sans s'y appesantir ! S'il franchissait les repaires les plus secrets pour prévenir les défaillances et soutenir, en pansant, les maux tus !

C'est de l'harmonie du couple que nait la réussite familiale, comme l'accord de multiples instruments crée la symphonie agréable.

Ce sont toutes les familles, riches ou pauvres, unies ou déchirées, conscientes ou irréfléchies qui constituent la Nation. La réussite d'une nation passe donc irrémédiablement par la famille.

.

Pourquoi tes fils ne t'accompagneront-ils pas ? Ah ! les études...

Ainsi, demain, je te reverrai en tailleur ou en robe-maxi ? Je parie avec Daba : le tailleur. Habituée à vivre loin d'ici, tu voudras — je parie encore avec Daba — table, assiette, chaise, fourchette.

— Plus commode, diras-tu. Mais, je ne te suivrai pas. Je t'étalerai une natte. Dessus, le grand bol fumant où tu supporteras que d'autres mains puisent.

Sous la carapace qui te raidit depuis bien des années, sous ta moue sceptique, sous tes allures désinvoltes, je te sentirai vibrer peut-être. Je voudrais tellement t'entendre freiner ou nourrir mes élans, comme autrefois et comme autrefois, te voir participer à la recherche d'une voie.

Je t'avertis déjà, je ne renonce pas à refaire ma vie. Malgré tout — déceptions et humiliations — l'espérance m'habite. C'est de l'humus sale et nauséabond que jaillit la plante verte et je sens pointer en moi, des bourgeons neufs.

Le mot bonheur recouvre bien quelque chose, n'est-ce pas ? J'irai à sa recherche. Tant pis pour moi, si j'ai encore à t'écrire une si longue lettre...

— Ramatoulaye —

MODOU FALL

RAMATOULAYE FALL

BINETOU FALL

MAWDO BÂ

AÏSSATOU BÂ

Achevé d'imprimer 1er trimestre 1996
par la SNPECI (SII)
01 BP 1807 Abidjan 01
Pour le compte des Editions N.E.I.